Uwe Schillhabel • Christian Schmitt • Heinz Tillig

Tilligs Stadtbilder

Bamberg 1955–1968

Heinrichs-Verlag gGmbH

Inhalt

Bild links: Heinz Tillig vor der Villa Condordia.

Vorwort

Innerhalb von weniger als zwei Jahren der intensiven Beschäftigung mit dem fotografischen Werk Hans Tilligs sind wir nun in der Lage, dem an Geschichte und Stadtentwicklung als auch dem fotografisch interessierten Leser diese Bilder erstmals in gedruckter Form vorzulegen. Wir hoffen, Ihnen mit diesen Fotos neue Perspektiven auf Bamberg zu ermöglichen und Einblicke in die Entwicklung dieser Stadt seit Mitte des vorigen Jahrhunderts geben zu können. Und vor allem hoffen wir, dass Ihnen diese Fotos die gleiche Freude bereiten mögen wie den Autoren.

Wir zeigen Ihnen in diesem Buch nahezu ausschließlich unveröffentlichte Aufnahmen von Hans Tillig, die der Postkartenverleger aus Passion für sein Hobby anfertigte und die nicht aus einem primären Verwertungsbedarf heraus motiviert waren. Dabei entstanden ungezählte Aufnahmen fernab einer sentimentalen Verklärung der „Traumstadt der Deutschen". Die Fotos Hans Tilligs zeigen einerseits klassische und oft kopierte Ansichten Bambergs, die sich mittels seiner sehr eigenen Bildsprache von der althergebrachten Postkartenfotografie abheben. Diese Individualität unterstreicht Tillig andererseits auch in der Auswahl der Motive fernab von den bekannten Touristenrouten. Gerade seine Fotografien einer Stadt im Wandel am Beispiel der Entwicklung in Bamberg-Ost, unter anderem mit dem Bau der ersten Hochhäuser, beweisen die Meisterschaft von Tillig, das Neue mit der gleichen Souveränität und Selbstverständlichkeit abzubilden wie Objekte des späteren Weltkulturerbes. Dabei sind diese Fotografien nie nur abgebildete Realität, sondern darüber hinaus atmosphärisch dichte und ästhetisch anspruchsvolle Momentaufnahmen des eigentlichen Motivs unter Einbezug der alltäglichen Umgebung. Tillig bewies ein sehr feines Gespür für die kompositorische Anordnung und das sorgfältige Arrangement der Bildkomponenten.

Das Werk Hans Tilligs steht in seinem dokumentarischen und historischen Wert nicht nur in einer Reihe mit Alois Erhardt, Max Gardill oder Emil Bauer, sondern weist aufgrund seiner künstlerischen Qualität sogar über jene hinaus. Erhardts Aufnahmen waren das Ergebnis von öffentlichen Aufträgen, um Veränderungen zu dokumentieren, Gardills und Bauers Wirken stand meist im Zusammenhang mit journalistischen Medien. Ganz anders Hans Tillig: Die nicht für Ansichtskarten angefertigten Bilder waren keine Auftragsarbeiten, er konnte sich völlig frei betätigen, es war seine professionell betriebene Leidenschaft und so entstanden sowohl aus handwerklicher als auch aus künstlerischer Sicht sehr hochwertige Bilder in einem ganz eigenen Stil.

Die Vorgeschichte zu diesem Buch ist ein typisches Ereignis des Internet 2.0. Der Bamberger Christian Schmitt ist Postkartensammler mit Schwerpunkt auf heimatlichen Motiven. Die Ansichtskarten aus dem Tillig-Verlag betrachtete er schon immer als etwas Eigenes und Besonderes. Bereits seit einigen Jahren hatte Schmitt Teile des Tillig-Archivs – sowohl Karten als auch nicht publizierte Fotodokumente – in eine Bamberger Facebook-Gruppe eingestellt, bei der auch Heinz Tillig, der Sohn des Fotografen, Mitglied war. Durch den dadurch entstandenen persönlichen Kontakt der beiden konnte schließlich ein Schatz aus dem Keller von Heinz Tillig gehoben werden: ein nicht systematisiertes und nicht katalogisiertes Konvolut aus unzähligen Schwarzweiß- und Farbdias von den 1950er- bis in die 1970er-Jahre. Zu den beiden gesellte sich schließlich noch Uwe Schillhabel, der sich seit Jahren intensiv mit der Stadtgeschichte Bambergs beschäftigt. Das „Tillig-Projekt" konnte beginnen, es folgten mehrere öffentliche und ausverkaufte Veranstaltungen, in denen eine Auswahl der aus dem Besitz von Christian Schmitt und Heinz Tillig stammenden und auf hohem Niveau reproduzierten Fotos gezeigt werden konnten. An eine Buchpublikation war bis dahin noch nicht gedacht worden, Nachfragen aus dem Publikum und das Fachinteresse motivierten die Beteiligten erst zu diesem Schritt. Bei der Ausarbeitung des Buches waren einige grundlegende Probleme zu bewältigen: Eine Vielzahl der Dias befand sich in einem schlechten Zustand. Zuerst mussten sie systematisiert, digitalisiert und zum Teil aufwändig restauriert und bearbeitet werden. Zudem fehlten auf den Fotos des Nachlasses sehr häufig Angaben zum Aufnahmeort und zum Zeitpunkt. Eine ungefähre Datierung der Bilder wäre möglich, aber spekulativ geblieben, sodass lediglich das Aufnahmedatum auf den wenigen und nur sehr spärlich von Hans Tillig beschrifteten Dias übernommen wurde.

Dieses Buch soll weder eine chronologische Darstellung noch eine wissenschaftliche Aufarbeitung lokalhistorischer Entwicklungen sein. Vielmehr war es unser Bestreben, eine Auswahl der besonderen Ansichten und Momente, die Hans Tillig der Nachwelt und dieser Stadt hinterlassen hat, der Öffentlichkeit verfügbar zu machen. Es gibt so viel zu entdecken: sowohl in Bamberg als auch im Werk Hans Tilligs! Die Autoren wünschen dabei nicht nur viel Vergnügen, sondern freuen sich auch über ergänzende oder korrigierende Rückmeldungen aus der geneigten Leserschaft.

Oh mein Papa,

dies ist eine einmalige, aber auch rechtzeitige Gelegenheit, durch diesen im Kollektiv mit Christian Schmitt und Uwe Schillhabel verwirklichten Bildband, dein fotografisches Schaffen und Werk zu würdigen.

Kindheit & Jugend

Das Licht der Welt erblickte er am 25. Juli 1911 in Bayreuth. Seine Majestät und Kaiserliche Hoheit Wilhelm II. lenkte noch bis 1918 die Geschicke des Deutschen Reiches, dazwischen weniger reiches Fußvolk und der 1. Weltkrieg. Das Elternhaus von Hans-Christian Tillig: der Vater Lohnkutscher, die Mutter Hausfrau und Arbeiterin in der Mechanischen Baumwollspinnerei Bayreuth.

Die Kindheit und Jugend verbrachte er in Bayreuth. Die familiären Verhältnisse ließen ihm keine Chance, „von Beruf nur Sohn" zu sein. Schon im Kindesalter wurde seine Arbeitskraft zum wirtschaftlichen Überleben der Familie unentbehrlich. Einmal berichtete mir Vater von einer Brennholzbeschaffung zusammen mit seiner Mutter in einem Waldstück bei Unterwaiz. Die günstigste, aber auch schweißtreibenste war „des Stöckgroam", die Entfernung von Wurzelstöcken gefällter Bäume, natürlich mit Genehmigung des zuständigen Forstamtes. Beide gruben, zerrten, stöhnten und verzweifelten, als zufällig ein Förster auftauchte und die Erlaubnis nicht anerkannte. Es folgte unausweichlich ein Handgemenge, in dessen Verlauf der Förster von Vaters Mutter einige unsanfte Streicheleinheiten empfing, und das in seinem Revier. Diese „unverkäufliche" Abreibung hatte eine Gerichtsverhandlung zur Folge, mehr ein Kabarett zur Belustigung der Zuschauer und des Hohen Gerichtes, vor denen das Opfer aus Scham sein Gesicht verbarg.

In seiner eng bemessenen Freizeit nutzte Vater schon jede Möglichkeit zu Erkundungen des Fichtelgebirges und der Fränkischen Schweiz. Bleibende Eindrücke davon nur im Gedächtnis zu bewahren erschien ihm zu wenig, es musste dokumentiert werden, und damit war sein Weg in die fotografische Kunst schon vorgezeichnet. Für Serienaufnahmen und die Auswahl des besten Bilds war die Zeit noch nicht reif. Das eine Bild korrekt auf die beschichtete Glasplatte zu bannen, musste auf Anhieb gelingen. Größere Ausflüge führten ihn, manchmal sogar mit dem Fahrrad, zum Verwandtenbesuch in das 170 km entfernte Nördlingen, wo er später auch eine Schneiderlehre absolvierte.

Mit den beginnenden 1930er-Jahren wurde es für das „Hänsle" Zeit, als inzwischen herangewachsener

Johann, mit der Ausschau nach einem passenden Fräulein eine Familie zu gründen. Mit welcher Strategie er dabei vorging, bleibt unbekannt. Die Weiche des Schicksals und auch des Glücks war aber schon gestellt. In Berneck, damals hatte es noch kein „Bad" vorneweg, gebar am 4. Dezember 1909 die Mineralwasserfabrikantengattin Margarete Ammon ein kleines Töchterlein und taufte es, in Anlehnung an eine geschichtsträchtige Bayreuther Persönlichkeit, auf den Namen Wilhelmine. Wilmas Eltern betrieben in Berneck einen kleinen Getränkevertrieb. Über einige verwandtschaftliche Ecken hinweg pflegten sie zu einer gut situierten Bayreuther Beamtenfamilie, den Wolfrums, freundschaftliche Beziehungen. Auch meine Wilma genoss die Besuche, vor allem in deren kleinem Wochenendhaus in der Schanz zwischen Eschen und Donndorf. Was Wilma, mittlerweile zu einem Fräulein erblüht, allerdings nicht wusste: Die kinderlosen Wolfrums schalteten für sie Heiratsannoncen in der Bayreuther Tageszeitung. Da der 1. Weltkrieg noch nicht so männerverzehrend war, gab es dafür mehr als nur einen Bewerber. Was dabei Tinte verbraucht wurde und was das Papier alles ertragen musste, bleibt ein Geheimnis. Ein Bewerbungsschreiben war jedoch mit der Schreibmaschine abgetippt, das von meinem Vater. Warum gerade er mit seinem „Schriftsatz" Wilmas Herz eroberte und den Zuschlag erhielt, bleibt ein ungelöstes Familienrätsel, das nur vererbt werden kann.

Inzwischen verließ Wilmas Familie ihren bisherigen Wohnort Berneck und erwarb ein Anwesen in Bamberg und wohnte auch fortan dort. Das 1918 aufgenommene Bild zeigt das Haus Heiliggrabstraße 2. Wilma blickt zusammen mit ihrer Schwester Leni und dem Hund Scholli in Richtung Luitpoldstraße. Vielleicht in Erwartung ihres Vaters Georg Ammon, von den Schlachtfeldern des 1. Weltkrieges heimkehrend? Die nebenstehenden Personen, Mitarbeiter einer im Hinterhaus befindlichen Orthopädiewerkstatt, waren eventuell auch in der Erwartung auf volle Auftragsbücher für die prothetische Versorgung zusammengeschossener und traumatisierter Weltkriegskrüppel.

Verlobt ... Verheiratet

Vaters Besuche in Bamberg häuften sich. Die Stadt, wen wundert es, wuchs ihm ans Herz und schon bald gelobte er seinem Fräulein Wilma die ewige Treue. Dank einer gut dotierten Tätigkeit als Außendienstmitarbeiter des Natursteinwerkes Schiller in Weidenberg konnte er seine Verlobte schon mit einem eigenen Auto, einem Opel Olympia, tourenmäßig begeistern. Erstaunlich, welche Strecken Vater laut seinem Fahrtenbuch mit dem Opel Olympia auch dienstlich bewältigte. In gemischter Nutzung von Reichsautobahn und Chausseen bereiste er ganz Bayern bei durchwegs „störungsfreiem" Verkehr. Pri-

vate Autotouren führten so gut wie immer in die nahe gelegene Fränkische Schweiz. Ein bevorzugter Favorit war das erfrischend kühle Pottensteiner Fel-

senbad. Der Blick von der Galerie abwärts stellt eine außergewöhnliche Fotokulisse dar. Die 1937 verzögert ausgelöste Aufnahme zeigt das verlobte Pärchen in zeitgenössischem Badedress.

Ein Jahr später läuteten die Hochzeitsglocken der Gangolfskirche. Das Glück der beiden war allerdings durch die politische Entwicklung in Deutschland

nicht ganz unbeschwert, denn hinter vorgehaltener Hand wurde schon von einem bevorstehenden Krieg gesprochen und deshalb beschloss Vater der Mobilmachung mit einer Hochzeitsreise zuvorzukommen, denn unmittelbar danach kam schon der Marschbefehl nach Ingolstadt zur Pionierausbildung.

Kriegsteilnahme

Ob Vater während seiner Ausbildung zum Schlauchbootkapitän die Partitur „an der schönen blauen Donau" intonierte, bleibt fraglich, denn ab September 1939 ging es für viele nur noch ums Überleben. Vaters Aufenthaltsorte waren in Folge Polen, Frankreich, die Sowjetunion und wieder Polen.

Bei seinem 2. Marschbefehl Richtung Frankreich war es für ihn ein wichtiges Anliegen, seinem „Häsle" mit einem Mitbringsel aus Frankreich den Schmerz der so früh erzwungenen Trennung etwas zu lindern. Was aber könnte dafür geeignet sein? Ein Zufall kam ihm dabei zu Hilfe, denn ein ausreisewilliger Cocker Spaniel suchte seine Nähe. Kaum war der Urlaubs-

schein vom Kompaniechef abgezeichnet, begab sich Vater und sein ziviler Begleiter im Verband mit geschafften „knallharten Hunden" und „Kettenhunden" auf die Urlaubsreise ins Heimatland.

Anfang der 1940er Jahre wurde Vater in einer Schreibstube in Ciechanow/Polen vorübergehend sesshaft und träumte nur von seiner Wilma. Eine selbst gefertigte Planskizze ging per Feldpost nach Bamberg in der Hoffnung, dass sie ihn besuchen möge. Wilma schrieb zurück, dass Polen ihr zu gefährlich sei und sie auch weiterhin das Skifahren in Österreich bevorzuge. Der Zufall wollte es, dass Ciechanov (Ziechenau), an dem Vater lange Zeit lag, ca 10 km vom Wohnort meiner polnischen Schwiegereltern entfernt ist. Und so begab ich mich mit der Planskizze auf Spurensuche. Bis zur „Wende" war alles außer dem Schmalspurgleis entsprechend der väterlichen Skizze vorhanden. Danach wichen die

Baracken modernen Markthallen. Die Kapitulation erlebte Vater wieder in Polen. Bei bitterster Kälte und unter russischem Tieffliegerbeschuss verlief die Fluchtroute über das zugefrorene Danziger Haff zur Halbinsel Hela, wo seine Festnahme durch russische Streitkräfte erfolgte. Von seiner bis 1950 währenden Gefangenschaft in russischen Lagern erzählte er nicht viel. Aber das, was er berichtete, war niemals mit Gehässigkeit oder Verbitterung besetzt. Sein erlernter Schneiderberuf hielt ihn dabei „über Wasser", als Putzer eines russischen Offiziers, der laut Vaters Berichterstattung nur eine Hose besaß. Im Falle der Flickbedürftigkeit verdrückte sich der Russe für die Zeit der Wiederherstellung in sein verwanztes Schlafgemach. Oft rückten die Deutschen mit Billigung der Lagerleitung aus, um bei der Zivilbevölkerung handwerkliche Arbeiten zu erledigen. Mit den dafür erhaltenen Naturalien versorgten sie dann auch ihre ebenso darbenden Bewacher. Da in den Gefangenenlagern keine Urlaubsscheine ausgegeben wurden, musste das Hänsle bis 1950 die russische Gastfreundschaft genießen, aber dann ging es endlich wieder mit der Eisenbahn, teils in Güterwaggons, teils in der Holzklasse, gen Westen.

Vaters Heimkehr

Die Wilma war emotional nicht in der Lage, ihr schlank gewordenes Hänsle vom Bamberger Bahnhof abzuholen und beauftragte ihre Schwester mit dem Lösen einer Bahnsteigkarte. Nach wenigen Minuten waren beide schon in der Heiliggrabstraße, wo unzählige Freudentränen flossen und auch derjenigen Frauen gedacht wurde, die vergeblich am Bahnsteig warteten und hofften.

Familienupgrade

Dreiviertel von 1950 waren schon Vergangenheit, und Wilma fühlte sich unerwartet elend und antriebslos. Die Beschwerden veranlassten sie zu einer Selbsteinweisung in die Nervenklinik „Sankt Getreu", eine Einrichtung, die vor 1908 noch den Titel führte „Lokale Irren-Anstalt St. Getreu". Es gab noch keine „Röhre", aber die gesamte Ärzteschaft guckte in die „Röhre", denn sie fand keine Ursache für Wilmas Probleme. Was ihnen jedoch verborgen blieb, die rät-

selhafte Patientin entwickelte einen unsäglichen Heißhunger auf Rollmöpse, die sie im Tante-Emma-Laden am Fuße des St. Getreu-Berges erstand. Die Ärzte waren weiterhin ratlos, aber eine Bettnachbarin wurde wegen dieser Extrarationen stutzig und traf mit ihrer Diagnose voll ins Schwarze: schwanger ... mit mir!

Beruflicher Start

Meines Vaters erste Arbeitsstelle nach dem Krieg war in einem Zeitschriftenvertrieb namens INTRA. Dies war für meine Freunde und mich ein wahres Schlaraffenland, denn auch unsere „Literatur" –

Micky Mouse, Fix & Foxi und Co. – waren am Monatsende als unverkäufliche Restbestände Remittenten und wir konnten uns nach Belieben bedienen. Dann wechselten Vaters Arbeitgeber, von Baustofffirmen bis hin zur Landesbausparkasse und letztendlich zur „Schwäbisch Hall", der er auch bis zu seinem Eintritt ins Rentnerdasein treu blieb.

Der Gastwirt

Nebenbei erinnerte man sich, dass auf dem Anwesen Heiliggrabstraße 2 eine Schankkonzession den 2. Weltkrieg unbeschadet überstanden hatte, die Geburtsstunde für die Gaststätte „Deutsche Eiche".

Plötzlich der Sohn einer Gastwirtsfamilie nebenbei zu sein, das hatte seine Vor- und Nachteile. Der Naschschrank war immer gut gefüllt, zur Musikbox gab es einen Zentralschlüssel, der den Münzprüfer umging, und von manchen Gästen sogar etwas „Trinkgeld". Allerdings lernte ich dabei auch eine andere Seite kennen. Das erste Mal in meinem Leben bis mindestens 24 Uhr aufbleiben zu dürfen, natürlich an Silvester. Kurz vor dem Glockenschlag ins Neue Jahr, die illustre Gesellschaft war durchwegs alkoholisiert, stülpte mir ein US-Soldat seinen Mageninhalt über mein unschuldiges Blondschöpfchen.

Der Lichtbildner

Inzwischen gedieh Vaters Hobby derart, dass er beschloss, Motive davon kommerziell zu nutzen, der Beginn des Lichtbildverlages W. Tillig Bamberg im Jahr 1956. Vaters Fotoblicke waren nicht alleine auf verkäufliche Ansichtskarten ausgerichtet. Wilma als Chefin rügte ihn zwar wegen übermäßigem Filmbedarf, aber trotzdem fixierte er auch andere Bamberger Ansichten mit seiner Linhof. Er könnte auch als erster Bamberger „Rooftopper" Geschichte schreiben. Kein Kirchturm war ihm zu hoch und von den höchsten Positionen neu erbauter Hochhäuser in Bamberg fing er erstaunliche Panoramen ein.

Hatte er eine gewisse Vorahnung, dass gerade diese Bilder, zeitgenössisch betrachtet „bildliche Abfallprodukte", nach mehr als einem halben Jahrhundert für Bamberg sensationelle geschichtliche Rückblicke bieten? In den ersten Jahren beschränkte sich seine Produktpalette auf Schwarzweiß-Fotopostkarten, die händisch in der heimischen Dunkelkammer produziert, getrocknet und mit einer Hochglanzfolie veredelt verkaufstauglich gemacht wurden. Bald aber hielt das Angebot mit der Nachfrage nicht mehr stand, so dass nach einer entsprechenden Produktionsstätte gesucht wurde und Vater bei der Bromsilberanstalt Julius Escherich in Ludwigsstadt fündig wurde. Farbige Postkarten, im Vierfarb-Buchdruck gefertigt, waren allein wegen immenser Klischeekosten fast unbezahlbar. Man half sich deshalb mit händisch kolorierten Schwarzweiß-Fotopostkarten. In der Regel wurde dreifarbig koloriert, dazu Schablonen angefertigt, als Masken aufgelegt und die Eiweißlasurfarben aufgetupft. Meist wurden 500 Postkarten bestellt, das bedeutete also 1500 manuelle Farbaufträge und jedes Exemplar wurde damit zum Unikat.

Die stete Nachfrage nach Ansichtskarten, die gestiegenen Qualitätsansprüche und letztendlich auch die Konkurrenz ließen meinem Vater aber keine andere Wahl, als auch in den Druck von 4-farbigen Karten zu investieren. Ein regelrechter Verkaufsschlager wurde in seinem farbig gedruckten Sortiment das Bamberger 6-er Tableau.

Unter heutigen Qualitätsansprüchen an eine farbige Ansichtskarte wäre dieses Exemplar nichts weiter als Makulatur. Wenn wir aber den damalig technischen Werdegang einer farbigen Postkarte näher betrachten, dann gab es dabei etliche Berufe, die bis zur Druckreife ihr Brot verdienten, und jeder mischte bei der Farbgebung etwas mit. In der Regel wurde die Aufsichtsvorlage für ein Tableau auf einem gewöhnlichen Pappdeckel in DIN A3 angelegt. Als Hintergrund verwendete Vater gerne eine holzgemaserte DC-Fix-Klebefolie. Dann wurden die Bilder als einzelne Farbfotoabzüge montiert. Mit einer transparenten Schutzhülle versehen ging die Vorlage an einen Grafiker nach Ludwigsstadt, der mit Airbrush laut Vaters Wünschen die nötigen Bildretuschen erledigte und das Layout auch textlich und zeichnerisch vervollkommnete. Dann war der Reproduktionsfotograf an der Reihe. Mit einem Verkleinerungsfaktor von ca. 35% brachte er die Vorlage auf das DIN-A6-Ausgangsformat und separierte sie unter Vorschaltung von Farbfiltern auf Halbtonfilme für den druckkonformen CMYK-Modus (Cyan-Magenta-Yellow-Kontrast). Die Arbeit des Reprofotografen war aber noch nicht zu Ende, denn Halbtöne sind nicht druckbar. Die Halbtonauszüge wurden in einem neuen Arbeitsgang unter Vorschaltung einer Kontaktrasterfolie oder eines Glasgravurrasters druckbar gemacht (Autotypie), dabei aber darauf geachtet, dass jeder Auszug mit einer anderen festgelegten Winkelung gerastert wurde. Nun konnte der Filmsatz die Dunkelkammer verlassen und es folgte die ätzende Prozedur durch den Chemiegrafen. Vier Zinkplatten, die späteren Klischees, beschichtet mit einer lichtempfindlichen Emulsion, wurden unter Auflage der Filme im Vakuum mit einer UV-Quelle belichtet, die abgedeckte Schicht, nicht durch das UV-Licht gehärtet, konnte ausgewaschen werden und war für die Tiefätzung mit Salpetersäure bereit. Weitere Arbeiten an den Klischees waren die Regel, unter Abdeckung mit Asphaltlack konnten bestimmte Bereich auf der Zinkplatte noch bei Bedarf nachbehandelt werden. Nun aber wurde mit dem

Original Heidelberger Zylinder endlich Druck gemacht. Der Original Heidelberger Zylinder ist eine Einfarben-Buchdruckmaschine, im Format 70x50 cm, auf der jede Farbe einzeln gedruckt werden musste und dem Drucker ein gutes Auge abverlangte. War der Farbauftrag bei einer Farbe zu viel oder zu wenig, dann wanderte die Auflage schon in den Altpapiercontainer. Kundenseitige Vorstellungen und Wünsche zu Express-, Overnight- und Sameday-Drucksachen waren Zukunftsmusik. Der Druckbogen, sprich „Sammelbogen", musste erst noch komplett mit anderen Ansichtskarten gefüllt werden, so dass sich der Fortdruck überhaupt rentierte. Es war damals überhaupt kein Vergleich zu heutigen Möglichkeiten in der Druckbranche. Das Layout einer Ansichtskarte geht per Telefonleitung an eine Internetdruckerei und vier Arbeitstage später steht der Paketbote vor der Haustüre mit 5000 Stück qualitativ gefertigten Ansichtskarten, zu einem Preis, der nicht einmal die damaligen Klischeekosten gedeckt hätte. Inzwischen häuften sich die Bestellungen von Ansichtskarten, der Kundenstamm wuchs unaufhaltsam und auch der Fernsprechapparat bescherte viele Bestellungen. Bamberg alleine als Absatzort der Karten war plötzlich zu wenig. Vater erschloss langsam, aber sicher die Provinz. Die Fränkische Schweiz lag ihm dabei besonders am Herzen.

Vaters Vermögen, Kunden zu gewinnen, möchte ich keinesfalls in Abrede stellen, aber wenn Wilma mit ihrem Charme auf Kundenakquise ging, dann war der Bestellblock noch weiter beschrieben. Viele Kunden wurden deshalb zu Freunden, mit denen meine Eltern sogar Urlaubsausflüge gestalteten. Ein Rechtsanwalt war nie notwendig, um Außenstände einzutreiben, denn sein Prinzip der Geschäftsführung, Vertrauen gegen Vertrauen, ging immer auf. Noch viele Jahre danach, beide Elternteile waren schon nicht mehr am Leben, wurde ich bei Stadtgängen von ehemaligen Kunden angesprochen, welch feine und sympathische Geschäftsfrau meine Wilma war.

Familiäre Freizeit

Nebenbei kam in unserer Familie die freizeitliche Ausrichtung auch nicht zu kurz. In den Urlaub mit einer Super-Constellation konnten wir zwar noch nicht fliegen, aber es gab auch nähere Freizeitziele, die glücklich machten, wie z.B. die Friesener Warte oder andere landschaftliche Kleinode. An hitzigen Sommertagen ließ Vater nichts anbrennen, da ging es in Frei- oder Flussbäder. Häufig zum Strandbad am Main zwischen Hallstadt und Dörfleins. Einen Ticketautomaten suchte man vergebens, Parkplätze

gab es in Hülle und Fülle. Der Weg zum erfrischenden Nass war zwar etwas schlammig, gesäumt von Kamilleblüten und garniert mit rektalen Hinterlassenschaften der Hallstadter Hausgänse. Das tat aber unserem Badevergnügen keinerlei Abbruch. Es wurde fleißig auch „gegen den Strom" geschwommen und wenn ganz vereinzelt „a tots Säula ausm Frangnwald vobei gätriem is", dann erschallte dennoch am Mainstrand kein Igittgeschrei.

Mit welchen Leuten ging man denn da sonst noch baden? Ein Zeitzeuge berichtete mir nach Jahren,

dass derjenige mit dem Amischlitten sich später zur Volkacher Madonnenräuberbande gesellte. Ob die Mutter Gottes im Rosenkranz bei der Umsiedelung in ihr neues Versteck nach Hollfeld auch das Vergnügen hatte, im Straßenkreuzer zu reisen, konnte selbst in den späteren Gerichtsverhandlungen nicht geklärt werden. Den Abschluss unseres Badevergnügens bildete traditionsgemäß die Käfermaniküre am Mainufer.

Fototouren

„A poor Brotwörscht aufm Walberlafest" oder das Bestaunen des riesigen Mühlrades der Heroldsmühle, Vaters Fototouren waren immer die willkommene Abwechslung zum sonstigen Alltag und schulischer Belastung. Mitunter bedeutete es aber mühsame Aufstiege zu Felsen und anderen erhabenen Orten, um ansichtskartentaugliche Bilder zu erzielen. Die Arbeitsteilung dabei gab Feldwebel a. D. Tillig vor: Die

Wilma trug den Koffer mit Linhof und Objektiven, der Vater das Stativ und ich konnte in unberührter Natur etwas auf den Spuren von Alexander von Humboldt wandeln und meine Lieblinge, die Kreuzottern, aufspüren. Und dann immer wieder die gleiche Prozedur: Aufbau des Stativs, Montage der Kamera, Klappe auf, um den Faltenbalg herauszuziehen, das Objektiv mit der passenden Brennweite einsetzen, den Verschluss am Objektiv spannen, auslösen, aber gleich blockieren, damit der Verschluss offen bleibt, um das auf dem Kopf stehende Bild auf die Mattscheibe zu projizieren.

Wenn Vater mit der Einstellung zufrieden war, folgte die Entfernung der Mattscheibenkassette, die Rollfilmkassette wurde angeflanscht und der Verschluss wieder geschlossen. Nun kam der Belichtungsmesser „Lunasix" zum Einsatz. Den ermittelten Blendenwert unter Beachtung der gewünschten Tiefenschärfe und die Verschlusszeit übertrug Vater auf das Objektiv und spannte den Zentralverschluss. Nun war die Linhof mit herausgezogenem Metallvorhang der Filmkassette für das erste Bild aufnahmebereit. Aber fotografiert wurde noch nicht. Die Sonne musste ungetrübt lachen, die Bewölkung passen und wenn dann noch ein rotes Auto in den Bildbereich fuhr, ja dann, dann erst machte es Klick.

Im Gegensatz zu einer heutig gebräuchlichen 128 GB-SD-Karte mit ca. 5000 Bildern Aufnahmekapazität je nach Auflösung galt es, mit einem Rollfilm und neun möglichen Aufnahmen ökonomisch zu wirtschaften. Denn nicht nur der Film, auch die Entwicklung kostete Geld.

Beim Fototermin auf einem Felsplateau hoch über dem Püttlachtal bei Tüchersfeld vergaß Vater von seiner Praktisix 6x6 cm das Tele- und Weitwinkelobjektiv. Objektiv betrachtet, ein Verlust von mehreren hundert Mark. Er wurde zwar nach ein paar Stunden dort wieder vorstellig, aber die Teile waren schon auf Nimmerwiedersehen verschwunden und eine Neuanschaffung war fällig. Hoffnungslos ging er trotzdem zur Polizei und erstattete eine Verlustmeldung, damit zumindest seine Besitzansprüche aktenkundig wurden. Es verstrichen mehrere Jahre und tatsächlich tauchten die Linsen wieder auf. Eine Hausdurchsuchung aus anderen Verdachtsmomenten bei einem Bauersburschen in Rackersberg brachte die vermissten Teile wieder ans Tageslicht. Versteckt hatte er sie im Hasenstall, aber beide konnten damit nichts anfangen, weder die Hasen noch der Rackersberger.

Wilmas Assistenz

Da Wilma nicht die „Minna' sein wollte und mit ihrer „Vorkriegs-Rolleiflex" 6x6 schon eine gewisse Kenntnis der fotografischen Kunst erlangt hatte, war es für sie zu erniedrigend, die Linhof nur zu transportieren. Bei einem Fototermin im Gottesgarten am Obermain erhielt sie deshalb eine weitere Befugnis, die Kamera wieder transportfertig zu machen. Leider vergaß sie dabei, dass sich das Teleobjektiv noch in der Standarde befand, mit dem rückwärtigen Überstand, verdeckt durch den Faltenbalg. Beim Zurückschieben des Schlittens durchstieß sie die Mattscheibe. Vater nahm es gelassen. Auf die Abmahnung wurde also verzichtet, denn in einem Familienbetrieb war Wilmas fotografische Assistenz unerlässlich. Neben anderen Hand- und Spanndiensten war sie bei Innenraumaufnahmen in Kirchen oder Wirtsräumen für die schlagschattenfreie Ausleuchtung verantwortlich. Das mündete einmal in einen amüsanten Vorfall.

Bei Aufnahmen im Inneren der Pfaffendorfer Kirche (bei Maroldsweisach) suchte Wilma nach Steckdosen und Lichtschaltern. Aus Versehen aber betätigte sie den Schalter für das Turmgeläute. Manche Pfaffendorfer wussten damit nichts anzufangen, die anderen wurden zum Gottesdienst vorstellig und der Liebe Gott glänzte durch seine Abwesenheit, Vater war ja vom Amt eines Laienpriesters Lichtjahre entfernt.

Kein Knipser

Da Vater schon vor der Aufnahme seine bildliche Komposition bedachte, wusste er ganz genau, was das aufzunehmende Motiv noch perfektionierte. Manchmal ein rotes Auto, manchmal eine chic gekleidete Person oder andere Accessoires. Bei einer Agentur wurde er nie Klient, denn er hatte ja Wilma und mich als kostengünstigere Models. Meinen fulminanten Einstand durfte ich, in einem Kahn sitzend, als Komparse für eine Aufnahme vor dem Wasserschloss Concordia geben. Frau S., die Inhaberin der Haindampferflotte und eben dieses Kahnes, erkannte sofort meinen Kahnfriedensbruch und belegte mich mit derben Bamberger Schimpfworten: „Du klaner elender Rozzbongerd, schau dassd ausm Kahn widdä rauskümmst, sonst hol i di Schutzleut". Ich dachte mir insgeheim, hinüberrufen durfte ich es in Anwesenheit vom Vater sowieso nicht: „Du blöda Wasserkuh, komm doch rübbä, wennst überhabt schwimma konnst".

Auf das Ergebnis der Ansichtskarte war ich ungemein gespannt, aber ein Kuraufenthalt in Bad Sassendorf

bahnte sich an, und so versorgte mich Vater postalisch mit dem druckfrischen Ergebnis.

Zu Lieferanten

Wenn es mal wieder zum Lieferanten nach Ludwigsstadt ging, dann war das mit dem Käfer schon eine kleine Weltreise. Manchmal nutzte Vater dazu auch sein Dienstfahrzeug von der Landesbausparkasse. Im beschriebenen Fall ein VW-Bus Bulli T1, aber auch eine lahme Ente. Die Pritsche war mit einer Plexiglaskuppel versehen unter der ein Neubaugebiet mit kleinen Faller-Häuschen dargestellt war, um Häuslebauer zu animieren, einen Vertrag abzuschließen. Unter der Pritsche befand sich noch ein kleines Ladefach, in dem Vater die Postkartenkartons verstaute und die Klappe mit einem Vierkantschlüssel verschloss. Jedoch nicht richtig, denn auf der Fahrt zwischen Ludwigsstadt und Förtschendorf gingen einige Kartons verloren, ohne dass wir den Verlust bemerkten. Zwei Landpolizisten im dunkelgrünen Dienst-Käfer sammelten die Kartons wieder ein, überholten und stoppten uns und übergaben die verloren gegangenen Pakete mit der Aufforderung, das nächste Mal beim Verriegeln etwas sorgfältiger vorzugehen.

Heinzis Kuren

Nachdem mir der Kinderarzt Dr. Bonell eine chronische, nachkriegsbedingte Unterernährung attestiert hatte, obwohl ich mich pudelwohl fühlte, ging es auch weiterhin in Erholungseinrichtungen. Widerstand dagegen war zwecklos, es war eine fürsorgende Entscheidung vom Vater, und der Vater war eben noch der Vater und kein Kumpel. Gleich zweimal wurde ich zu einem jeweils vierwöchigen Aufenthalt in die Walderholungsstätte Strullendorf verdonnert. Eingekleidete Schwestern führten dort im Namen Gottes ein äußerst strenges Regime, und es war mehr verboten als erlaubt, so dass die Frage ihre Berechtigung hatte, wer sich dort mehr erholt, der Wald oder die Insassen? Zum zweistündig verordneten Mittagsschlaf belegte man eine Liegehalle, auf Stelzen erhaben über dem Waldboden errichtet, mit einer Pferdedecke pro Schlafplatz. In dieser Zeit war es absolut untersagt, auf die Toilette zu gehen. Die wachhabende Schwester mit Radarblick sorgte für die Einhaltung. Zu jedem Radarstrahl gibt es aber auch einen Schatten, und das war unser großes Glück. Wenn die Blase ihren Endfüllstand erreicht hatte, dann rollten wir uns, getarnt unter der Decke, auf den ungehobelten Bretterboden und pinkelten durch eine Ritze auf den Waldboden, wenigstens ein Grund zum Frohlocken. Aber der Tag der Befreiung rückte unaufhaltsam näher, kein normaler Tag, ein Feiertag.

Der Bezirksleiter

Wir dürfen nicht vergessen, dass die fotografische und verlegerische Tätigkeit nur Vaters Nebenberuf und Hobby war. Hauptberuflich betreute er seit 1963 im Auftrag der Bausparkasse Schwäbisch Hall Bausparer und solche, die es werden wollten. Er war gegenüber seinen werdenden Bausparern korrekt, d.h. wenn er rechnerisch erkannte, dass es trotz Bauspardarlehen nicht zum Hausbau reichte, dann hat er keinen Abschluss getätigt und lieber auf die Provision verzichtet, denn sein Gesicht zu wahren war ihm das Wichtigste. Bei vielen Richtfesten war er ein gern gesehener Gast.

Der Unfall

Der Dezember war immer etwas stressig, denn es galt bis zum 31.12. auch für neu hinzukommende Bausparer die Wohnungsbauprämie rückwirkend sichern zu können. So wurde es mit Vaters Heimkommen immer sehr spät. Einige Tage vor Weihnachten im Jahr 1965 noch später. Wir warteten vergebens, und ein paar Stunden danach ertönte die Hausglocke. Zwei Polizisten wurden vorstellig und teilten uns mit, dass Vater in einen Unfall verwickelt sei, beim Zusammenstoß mit einem Personenzug. Über seinen Zustand erhielten wir noch keine Auskunft.
Erst im Laufe der Nacht gab es nähere Details, vor allem zu seinem Befinden. Vater befuhr die Straße von Kersbach nach Forchheim. Kurz vor Forchheim kreuzte dieser Weg, nur mit einem Andreaskreuz gesichert, die eingleisige Bahnstrecke Forchheim/ Höchstadt. Er übersah bei Dunkelheit und starkem Schneefall den herankommenden Zug und wurde von der Diesellokomotive „V80" auf die Puffer genommen und fast bis zur Regnitzbrücke geschoben.

Der Zug mit dem aufgegabelten Käfer musste noch den Übergang an der B4 passieren, bevor er kurz vor der Regnitzbrücke zum Stillstand kam.

Welch schaurige Szenerie bot sich den Autofahrern, die am Übergang der B4 warteten und den Zug mit einem zertrümmerten Auto vorneweg beobachteten? Ein Video davon wäre heute bei Youtube

Bamberger Auto 200 m vom Zug mitgeschleift

sicherlich der absolute Klickhit. Dann musste der Zug mit dem Käferwrack wieder bis zur B4 zurücksetzen, damit Vater geborgen werden konnte. Aus dem Fahrzeug ohne Sicherheitsgurte, Gurtstraffer, Kopfstützen, Airbags und andere passive Sicherheitselemente konnte er – oh Wunder und Volkswagen sei Dank! – mit nur ein paar gebrochenen Rippen befreit werden. So bedauerlich dieses Ereignis war, so zufrieden war ich doch innerlich, dass die Käfer-Ära beendet war. Wenn es nämlich unter meinen Klassenkameraden darum ging, die Autos der Väter zu bewerten und anhand dazu den sozialen Status, dann stand ich immer im ärmütig belächelten Abseits.

Nach Vaters Genesung wurden wir von einem Freund nach Schwäbisch Hall chauffiert, um dort seinen fabrikneuen OPEL Caravan 1700 mit Werbebeschriftung zu übernehmen, bei dem die Bausparkasse die Hälfte der Anschaffungskosten von ca. 8000,- DM übernahm. Sein Job bei der Schwäbisch Hall machte ihn sehr glücklich, denn er konnte ihn immer mit den den Bedürfnissen seines Verlages ver-

binden. Das Bild aus dem Fichtelgebirge bestätigt diese Vermutung. Was hat er hier wohl gesucht, einen abschlussbereiten Schneebausparer oder ein packendes Wintermotiv?

Azubi Heinzi

Mit zunehmendem Alter durfte auch ich Kunden kontaktieren und die bestellte Ware anliefern. Wilmas große Sorge, dass ich zur Kundschaft frech sein könnte, erfüllte sich nicht, aber es gab auch unverschämte Kunden. Der Inhaber des Zeitschriftenkiosks am Schönleinsplatz brachte meine Wilma fast zum Weinen, er dachte nämlich, dass alle Farbpostkarten richtige Farbfotoabzüge wären und Wilma ihn mit ihren Farbdrucken beschummeln wollte. Meine Mutter schluckte seine unberechtigte Reklamation mit wilhelminischer Gelassenheit. Die Rolle war ihr einfach auf den Leib geschrieben, mit Kunden umzugehen und auch die Produkte wie hier großformatige Schwarzweiß-Fotos von Bamberg dem interessierten Publikum zu präsentieren. Sie war ja die Namensgeberin für den Verlag (W. Tillig) und ersparte damit ihrem Mann bei den jeweiligen Arbeitgebern die Bitt-

gänge um Erlaubnis zum Betrieb eines Nebengewerbes. Der Nachteil dabei war, dass sie sich extra krankenversichern musste. Da sie aber schon in jungen Jahren den Bogen heraus hatte zu kuren, obwohl ihr eigentlich nichts fehlte, hatte die Kasse dabei nichts zum Lachen. Ein Favorit der Kurkliniken war das Frankenwald-Sanatorium (Adlerhütte) in Wirsberg, gleich einem verwunschenen Schlösschen, im dicht bewaldeten Koserbachtal.

Heimarbeit

Selbstverständlich war im Verlag auch Heimarbeit zu leisten. Ein Entgeltprüfer wurde dabei nie vorstellig. Es mussten Ansichtskartensortimente, heute in dieser Form kaum mehr gebräuchlich, je nach Bestellung, zusammengestellt oder in der Weihnachtszeit 4-seitige Klappkarten aus gehämmertem Karton, bei denen die Vorderseite mit erhabenen Stanzlinien ver-

sehen war und somit als Passepartout diente, mit weihnachtlichen Bamberger Motiven beklebt werden. Vollkommen konfliktfrei war diese Beschäftigungstherapie allerdings nicht. Wenn eine Lieferung fertig konfektioniert werden musste, aber zur gleichen Zeit eine Angebetete im Scotchclub in der Wallensteinpassage auf Rosen und Komplimente wartete, dann galt es meinerseits, Prioritäten zu setzen. Zum Rendezvous und Tanzvergnügen ging dann eben nicht Klein-Heinzi, sondern „der Kerl, der sich noch umschauen wird"! „Kerl" war aber eine selten verwendete Titulierung meiner Person. Meist war ich doch der Pfundskerl trotz leichtem Untergewicht und Wilmas Herzchen war für all meine Nöte empfänglich, sogar für die zuschussbedürftigen.

Der Gärtner

Vaters Hang zur Natur begleitete ihn lebenslang. Auf der Dachterrasse seines Anwesens in der Heiliggrabstraße 2 fand er beim Gärteln einen willkommenen Ausgleich. Die verfügbare Fläche mit ein paar Pflanztöpfen beschnitten jedoch die Möglichkeiten seiner Entfaltung enorm. Eine zufriedenstellende Wende der Situation kam 1971 erst mit dem Erwerb eines kleinen Bauernhäuschens in der Fränkischen Schweiz oberhalb von Plankenfels, in Meuschlitz,

einem kleinen Weiler mit drei Bauernhöfen. Es war ein wahrhaftiger Traum in dieser unberührten Natur oberhalb vom Lochautal an Wochenenden zu entspannen, aber auch zu arbeiten, denn 5000 m² Gartenfläche forderten ihre Bewirtschaftung. Nach-

dem ich dadurch zu einem halben Bauern wurde, musste mein Fuhrpark noch mit einem traditionellen Gefährt ergänzt werden. Dieses erstand ich bei einem Freund für 150,- DM, Baujahr: 1951, genau wie das

Meine. Der Deutz war aber meinem Vater nicht ganz geheuer, und so verblieb er in meinem Bereich der rustikalen Freizeitgestaltung hoch droben auf dem Jura. Manche Winter waren unerbittlich und es kam

auch vor, dass wir einige Tage von der Außenwelt abgeschnitten waren.

Das Meuschlitzer Gästebuch füllte sich zusehends, auch mein damaliger Chef, Kurt Urlaub, der eigentliche Wegbereiter des Offsetdrucks in Bamberg, be-

suchte uns mit seiner Familie im Bauernhäuschen. In seiner Druckerei „hielt" ich es über 45 Jahre aus. Der Beweis, dass er nicht nur ein Chef war, sondern auch ein großartiger Mensch. Er akzeptierte auch, dass ich seit 1993 ein gleichberufliches Nebengewerbe betrieb, anderswo undenkbar. Vater verbrachte seine Wochenenden und mehr in Meuschlitz noch 16 erlebenswerte Jahre. Eine lange Zeit unbeachtete kleine Hautveränderung im rechten Ohr war der Beginn seiner Hautkrebserkrankung. Häufige Aufenthalte in Erlanger Kliniken waren die Folge. Am 11.11.1987 fuhr ich seinen Passat zum VW-Autohaus Köcheler nach Trabelsdorf für die TÜV-Inspektion und eine neue Plakette. Als ich zu Hause wieder eintraf, berichtete Wilma, dass Vater vermutlich einen Schlaganfall erlitten hatte und in das Bamberger Klinikum eingeliefert wurde. Er war dann bis zu seinem Tod am 26.11.1987 nicht mehr ansprechbar und trotzdem war ich mir bewusst, dass er zumindest das Gehörte noch verarbeiten konnte. Ich versprach ihm, sein fotografisches Schaffen in Ehren zu halten und seine Wilma in meine Familie zu integrieren. Eine „Entwicklung" noch zu erleben, blieb ihm leider verwehrt: der revolutionäre Umbruch in der digitalen Fotografie. Verdient hätte er es allemal.

Nach Vaters Tod betrieb Wilma mit meiner Asisstenz noch einige Jahre den Verlag weiter. Liefertouren für Ansichtskarten, besonders im Sommer und zu entfern-

teren Orten mit packtaschengerechten Kartons, garantierten Frischluft und Freude und gestalteten sich ein bisschen „zügiger" als mit dem Vorgänger! Beruf, Verlag und Familiengründung gemeinsam zu schultern war auf die Dauer zu viel. Deshalb veräußerten wir den Bestand an gedruckten Farbkarten an den Oberfränkischen Ansichtskartenverlag in Bayreuth.

Vaters Fotoschatz blieb allerdings unter meiner Obhut. Es folgten über Jahre hinweg nächtelange Sitzungen des Sichtens, Sortierens und Katalogisierens. Und sensationelle Entdeckungen, weitaus spannender als der Tatort an jedem Sonntagabend, gelangten dabei wieder ans Tageslicht. Aber erst um die Jahrtausendwende war auch für den privaten Bedarf digitale Technik erschwinglich und so war es mir möglich mit einem Mac G3 und einem mittelformatigen Durchlichtscanner die ersten Filmvorlagen, Dias und Schwarzweiß-Negative zu digitalisieren, schon mit der Vision, diese eines Tages mit einem Bildband über Vaters Bamberger Fotoblicke der Öffentlichkeit zugänglich zu machen. Über den Nutzen sozialer Netzwerke kann man geteilter Meinung sein. Die neue Art der Kommunikation ermöglichte es mir aber, Gleichgesinnte zu finden, um als gemeinsames Team meine Anfangsvision zu realisieren. Leider gibt es keine Steigerung der Gleichgesinntheit, auch keine der Begeisterung. Aber meine neuen Bekannten und Teamkollegen sind einfach benannt zwei „Ungebändigte" in Sachen Recherche, Zuordnung mit nur einem Ziel, mit einem Bildband die 50er- und 60er-Jahre in Bamberg Revue passieren zu lassen. Die vorliegende Bildauswahl wird sicherlich für viele einheimische Betrachter, die in etwa meinem Jahrgang entsprechen, ein interessanter Rückblick auf die eigene Jugendzeit.

Nach Vaters Tod folgten 14 glückliche Jahre mit Wilma in meiner Familie. Sie starb in Ebermannstadt, einen Tag vor dem Anschlag auf die Twin Towers in New York. Die beiden fanden ihre ewige Ruhe in einem Urnengrab auf dem Bamberger Friedhof, in unmittelbarer Nachbarschaft von Max Gardill, einem weiteren

namhaften Bamberger Lichtbildner. Ein bedeutungsloser Zufall? Keineswegs, denn auch das Licht der Ewigkeit vereint seine Bamberger Bildner.

In Liebe und respektvoller Dankbarkeit gegenüber meinen Eltern,

Heinz Tillig

Blicke auf die Stadt

Ein erhöhter Blick auf die Stadt verändert unsere Sichtweise, unsere Perspektive. Wir besteigen Kirchenstufen oder Kräne und erhöhen uns dadurch. In einer Stadt wie Bamberg bedeutet das meist, dass wir immer auch einen Punkt erkennen werden, der noch höher ist als unser erhöhter Standpunkt, eine Kirche meist, erbaut auf einem der sieben Hügel. Die Enttäuschung über die Vergeblichkeit unseres Versuchs der Emporhebung wird aufgelöst durch die Sicherheit, die uns das Wissen um den Schutz durch eine höhere Macht zu geben vermag. Oder das Wissen um das Aufgehobensein in der zu Stein gewordenen, über tausendjährigen Geschichte dieser Stadt, als dessen Teil wir uns begreifen dürfen. Je nach Standpunkt.

Wir flanieren durch die Stadt und erkennen Details, betrachten einzelne Häuser, Plätze oder Denkmäler. Wir stehen auf einem Kirchturm (oder Kran) und blicken herab auf nie Gesehenes, so noch nie Gesehenes. Wir wechseln die Perspektive auf unsere Stadt und es werden zuvor verborgen gebliebene Zusammenhänge sichtbar. Zum Beispiel wie sich Bamberg an die Regnitz geschmiegt oder wie diese Stadt sich in Jahrhunderten gedehnt hat.

Mit den von Hans Tillig von diesen Standpunkten aus fotografierten Ansichten ließe sich leicht ein ganzer Bildband füllen. Während seiner gesamten fotografischen Tätigkeit suchte er diese Motive bewusst und fand sie auch zahlreich. Oft wurden diese Bilder von Kirchtürmen aus aufgenommen, nicht selten aber tatsächlich auch von Baukränen oder Baustellen aus. Durch diese nicht vertrauten und nur vorübergehend möglichen „Standpunkte" sind sie nicht wiederholbar und daher einzigartig. Zudem erlauben uns diese Bilder zeitlich begrenzte Blicke, die später durch Verbauung oder Vegetation nicht mehr möglich waren. Einige der Ansichten sind derart ungewöhnlich, dass der Entstehungsort mancher Fotografie nur mit Mühen recherchiert werden konnte. Auf diesen Aufnahmen ist natürlich auch heute Vergangenes sichtbar. Sie zeigen gerade in den Fluchten starke Veränderungen der Peripherien. Es sind Wimmelbilder aus der jüngsten Geschichte Bambergs.

Bild links: Blick von Südwesten auf die Stadt. Hier entstand seit den frühen 1970er-Jahren ein neuer Stadtteil, das Babenberger Viertel.
Bild rechts: Blick durch die Turmuhr der Oberen Pfarre auf den Schulplatz und den Kaulberg.

Bild links: Blick von St. Martin auf die Türme von Obere Pfarre, Karmelitenkloster, Dom und St. Jakob.
Bild rechts oben: Erntearbeiten am Hang der Altenburg.
Bild rechts unten: Blick von St. Martin nach Nordwesten.

Bild links: Blick von Schloss Geyerswörth über den Kanal in Richtung Osten.
Bild rechts: Blick auf die Kreuzung am Schönleinsplatz, ein Stadtpolizist in weißer Uniform regelt den Verkehr. In Bamberg wurde die Stadtpolizei 1972 aufgelöst.

Central Garagen

Bild links: Blick von der Martinskirche über den VW-Franke und die Institutskirche der Englischen Fräulein bis zum neuen Hafen.
Bild rechts: Blick von Schloss Geyerswörth nach Westen. In der Mitte rechts ist die viel befahrene Schranne zu sehen, die zu dieser Zeit der Verkehrsverteiler in Richtung Berggebiet gewesen ist.

Bild links: Blick von der Erlöserkirche auf den rechten Regnitzarm im Jahr 1957. Vor der Errichtung des Rhein-Main-Donau-Kanals bot sich im Sommer häufiger das Bild eines Niedrigwasser führenden und noch nicht kanalisierten Flusses. Wir sehen hier auch die damalige Luitpoldbrücke, wegen ihrer Färbung auch Blaue Brücke genannt. Nach ihrer Sprengung im April 1945 wurde die Stahlfachwerkbrücke bis 1949 ohne die vorher vorhandenen Verzierungen wieder aufgebaut, 1950 in Marienbrücke umbenannt und 1961 durch eine Spannbetonbrücke ersetzt.
Bild rechts: Die innerstädtische Dachlandschaft von der Martinskirche aus gesehen in Richtung Hotel Bamberger Hof und Haingebiet.

Bild links: Blick von der Martinskirche über das Jesuitenkolleg und den Heinrichssaal nach Bamberg-Nord und die Ottokirche vor der Erbauung des Hallenbades.
Bild rechts: Blick vom 1967 erbauten Hochhaus Luitpoldstraße 51 auf einen Teil des Gärtnerviertels und über die Ludwigstraße und die Bahngleise hinweg auf die Mälzerei Weyermann und die Memmelsdorfer Straße. Links oben weist die Rauchfahne einer Dampflokomotive auf das 1984 aufgelöste Bahnbetriebswerk hin.

Bild links oben: Eine fast märchenhaft anmutende Idylle: Leinritt und Michelskirche.
Bild links unten: Blick von der Erlöserkirche auf die Altstadt im Jahr 1957. Heute nahezu völlig aus dem Stadtbild verschwunden: die Fabrikschlöte.
Bild rechts: Blick vom Geyerswörthturm in die Kapuzinerstraße.

Autobahn
Nürnberg
Würzburg
CAFE
Schneider's

Bild links: Blick auf die Kreuzung Grüner Markt/Lange Straße/Obere Brücke. Heute unvorstellbar, dass bis zum Bau des Berliner Rings und der Eröffnung der Fußgängerzone 1976 der gesamte Verkehr – auch Busse und LKW – aus und Richtung Westen durch das Alte Rathaus floss. Am linken Bildrand das „Kröner-Eck", eine lange Zeit bestehende Kriegsbrache.

Bild rechts: Blick auf den Schönleinsplatz und das Hotel Bamberger Hof. Im Vordergrund der Verkaufspavillon der Möbelfabrik Just-Heinrich Schmidt, die sich damals an Stelle des 1985 erbauten Parkhauses Schützenstraße befand.

Bild links: Ein Panorama von St. Martin aus gesehen, das einen Blick von der Bebauung des Regnitzufers über den Domberg bis hinaus zur Altenburg ermöglicht.
Bild rechts: Blick von Schloss Geyerswörth auf das Alte Rathaus, das bis zur Einführung der Fußgängerzone dem alltäglichen Autoverkehr ausgesetzt war.

Straßen und Plätze

Auffallend ist die Entwicklung von Stadträumen in den Fotos vor dem Hintergrund der Erschließung durch den Autoverkehr und der daraus bedingten Veränderung von Straßen und Plätzen. Als erstes wird deutlich, dass Räume in der Stadt nicht beliebig erweiterbar waren und sind. Viele Bilder zeigen eine bereits damals erstaunliche Verkehrsbelastung der mittelalterlich geprägten Topographie. Der „gepflasterte Weg" als ursprüngliche Bezeichnung der Straße wurde spätestens jetzt zur Fahrbahn für Kraftfahrzeuge. Für viele heute unvorstellbar, dass sich noch bis zur Errichtung der Fußgängerzone 1976 lange Autoschlangen durch das Alte Rathaus und durch Hauptwachstraße und Grüner Markt wälzten, hier zudem rechts und links flankiert von Parkplätzen. Der Maxplatz diente ebenfalls als Raum für den ruhenden Verkehr, umrundet von fahrenden PKW, Bussen und LKW. Die Idee einer autogerechten Stadt erwies sich bereits zu einem frühen Zeitpunkt als undurchführbar. Manche Verkehrsprojekte scheiterten am entschiedenen Widerstand der Bevölkerung, so vor allem der „Durchbruch Mitte", der eine völlige Zerstörung des Gärtnerviertels als späteren Bestandteil des Weltkulturerbes bedeutet hätte. Weniger wurde der Verkehr dadurch freilich nicht, im Gegenteil. Der Bau von Tangenten (Berliner Ring 1967, Münchner Ring 1976 und Regensburger Ring 1986) zur Verkehrsentlastung der Innenstadt wurde allgemein begrüßt, bedauert wurden jedoch die damit verbundenen Verluste an stadtnaher Natur. Umstritten war auch die Zerschneidung des Hainparks als wichtigstes Naherholungsgebiet der Bamberger durch den Münchner Ring. Zur Diskussion stand damals auch eine südliche Variante unter Umgehung des Hains bei Bug.

Die Veränderungen durch die gestiegenen Belastungen des motorisierten Individualverkehrs sind an den Fotos der verschiedenen Plätze in Bamberg ersichtlich. Dabei zeigt sich ein recht widersprüchliches Bild. Während wir uns über den damaligen Maxplatz oder über den heute von Touristen beherrschten und noch in früheren Jahrzehnten zugeparkten Domplatz wundern, zeigen andere Abbildungen Oasen der scheinbaren Ruhe und Beschaulichkeit. Orte zum Verweilen in einer Zeit, in der ein Platz noch ein Platz sein durfte. Mit Wehmut stellt der Betrachter fest, dass diese Plätze später für Kreuzungen oder Park-Plätze beschnitten und somit ihrer eigentlichen Funktion und ihres ursprünglichen Charakters beraubt wurden.

Obwohl kaum ein Stein verändert ist, wirkt so mancher Platz heute seltsam anders als noch vor 50 Jahren. Die jetzt allgegenwärtige Moderne scheint sich in den Bildern Hans Tilligs gerade die Vorherrschaft zu erkämpfen.

Bild rechts: Blick von der Altenburger Straße in den Domgrund. Der Durchgang über den Hinteren und Vorderen Bach in Richtung Innenstadt ist erst seit 1973 mit dem Neubau des Kaiser-Heinrich-Gymnasiums möglich.

Bild oben: Blick von Schloss Geyerswörth über die Grünanlage am ehemaligen Stadtbad in Richtung Hain.
Bild unten: Der Brunnen an der Grünanlage vor dem 2001 geschlossenen Stadtbad (heute Tourist-Information) neben dem Schloss Geyerswörth.

Bild oben: Blick von der Freischankfläche des Cafés im Rosengarten auf die Michelskirche im Jahr 1957.
Bild unten: Die Grünanlage auf der Aussichtsplattform auf dem Michelsberg. Die Wiese wird gerade gepflegt und vermutlich zum Zeitpunkt der Aufnahme im Jahr 1959 noch bewirtschaftet.

Bild links: Burgbär Poldi – benannt nach dem langjährigen Bürgermeister Luitpold Weegmann (1885–1966) – auf der Altenburg. Heute wäre eine derartige Tierhaltung nicht mehr denkbar.
Bild rechts: Poldi lebte von 1952 bis 1982 auf der Altenburg. Sein präparierter Kopf ist heute im Naturkundemuseum zu besichtigen.

Zu den
Aborten

Bild links oben: Der Domplatz als Parkplatz. Die Fahrzeuge sind hier noch mit den bis 1956 geltenden Besatzungskennzeichen versehen.
Bild links unten: Kreuzigungsgruppe auf der Oberen Brücke.
Bild rechts: Feldhüterhäuschen am Sauersberg mit Altenburg.

Bild links oben: Auch die prächtig blühende Magnolie am Schillerplatz kann nicht darüber hinwegtäuschen, dass der Straßenverkehr die Stadt erobert hat. Ein recht repräsentativer Querschnitt der damals gängigsten Autotypen im Mai 1962 am Schillerplatz.
Bild links unten: Die Ansicht der Geyerswörthstraße auf Höhe der Brudermühle vom Juli 1962 ist heute stark verändert. Hier sehen wir noch einen der damals in großer Anzahl vorhandenen Kioske, die Situation wird beherrscht von parkenden Autos. Jetzt steht an dieser Stelle ein stattlicher Baum.
Bild rechts: Ein Lebensmittelladen und ein Möbelgeschäft am Schillerplatz, dazwischen das ehemalige Wohnhaus E.T.A. Hoffmanns.

Möbelfabrik Möbelhaus
Edeka

Bild links: Heute nur wenig verändert: das „Herz" der Wunderburg am Bleichanger in einer Aufnahme von 1959.
Bild rechts: Der Ulanenplatz im Jahr 1959 mit dem hier 1953 aufgestellten Ulanen-Denkmal, das zuvor am Obstmarkt stand.

Bild links: Blick über den Gartenstadter Markt auf die Wohn- und Geschäftshäuser der Hauptsmoorstraße.
Bild rechts: Die 1953 eingeweihte Kirche St. Kunigund in der Gartenstadt noch ohne das 1975 fertiggestellte Haus der Begegnung.

Bild oben: Der rechte Verwaltungstrakt des Bahnhofs ist auf dieser Aufnahme von 1958 noch begrünt und es stehen erst wenige Autos auf dem Vorplatz, Ampelanlagen waren noch nicht nötig.
Bild unten: Das noch heute bestehende Hotel National in der Luitpoldstraße. Im vorderen Gebäudeabschnitt zur Heiliggrabstraße befand sich eine der ersten Pizzerien Bambergs, die 1975 Schauplatz eines Mordfalls in der Sendung „Aktenzeichen XY... ungelöst" gewesen ist. Die gegenüberliegende ehemalige Bäckerei gibt uns mit ihrem Angebot der Faschingskrapfen einen Hinweis auf die Jahreszeit der Aufnahme.

Bild oben: Das Denkmal des Bamberger Fürstbischofs Franz Ludwig von Erthal (1730 bis 1795) wanderte von West nach Ost: bis 1938 stand es auf dem Domplatz, ehe die Skulptur nach Jahren im Depot 1959 auf dem hier gezeigten Platz vor der Allgemeinen Ortskrankenkasse an der Herzog-Max-Straße (heute Amtsgericht und Synagogenplatz) aufgestellt wurde, bevor es Mitte der 1980er-Jahre mit der Errichtung eines Neubaus der AOK in der Pödeldorfer Straße vor dessen Eingangsbereich seinen heutigen Platz fand.
Bild unten: Blick auf das in den 1930er-Jahren erbaute Sparkassengebäude am Heinrich-Weber-Platz.

Bild links: Der Brunnen des Schönleinsplatzes inmitten städtischer Betriebsamkeit. Im Hintergrund sind am Bamberger Hof Sonnenschutzmarkisen zu sehen, die damals vor Schaufenstern üblich waren.
Bild rechts oben: Nach einem Brand der Siloanlage der Bischofsmühle wurde der Produktionsbetrieb 1961 eingestellt, der Turm etwa 20 Jahre später abgetragen und das Haus zu einem gastronomischen Betrieb umgebaut. Die stattliche und besonders schön blühende Magnolie vor der Bischofsmühle fiel 2018 Bauarbeiten zum Opfer und ist ein Beispiel für heutige Sünden am Erbe der Stadt.
Bild rechts unten: Blick aus der Kesslerstraße auf den 1689 geschaffenen Gabelmannbrunnen (eigentlich: Neptunbrunnen), der noch ohne die im Zuge der Fußgängerzone angelegten Steinstufen eindrucksvoller wirkte. Links und rechts des Brunnens führte der Verkehr in Richtung Grüner Markt. Bei diesem Foto handelt es sich um eine der wenigen in diesem Buch gezeigten Postkarten.

VICTORIA-VERSICHERUNG

Hellasin
Brillengläser
für besseres Sehen

Bild S. 56/57: Eine Bildkomposition vom Mai 1962, auf die Hans Tillig gewiss einige Zeit warten musste: Das Rot der Tulpen und des Sparkassengebäudes, dazwischen der ebenfalls rote VW-Bus.
Bild links oben: Tulpenpracht am Schönleinsplatz und die belebte Lange Straße im Mai 1962. Auffallend ist, dass die Grünflächen hier und an anderen Plätzen der Stadt damals noch mit einer wenig ansehnlichen Drahtabgrenzung versehen waren.
Bild links unten: Der Schönleinsplatz im Mai 1962, rechts das 1955 erbaute Gebäude der Stadtsparkasse. Vorher stand an dieser Stelle das prunkvolle Schützenhaus von 1893. Der Abriss bedeutete eine Zerstörung des ehedem durchgängig gründerzeitlichen Charakters dieses zentralen Platzes.
Bild rechts: Diese heute beschaulich anmutende Szenerie eines zeitungslesenden Rentnerpaares am Marienplatz vom Mai 1962 ist heute nicht mehr denkbar. Durch den zunehmenden Verkehr und die Umwidmung eines Teils des Platzes zu einem Platz für parkende Autos ist er seiner Aufenthaltsqualität völlig beraubt. Die Marienstatue mit Brunnenanlage wurde 1954 von Robert Bauer-Haderlein errichtet.

Gesichter der Stadt

Als „echter" oder schon Jahrzehnte in dieser Stadt lebender Bamberger mag man sich über die Heerscharen von Touristen wundern, die mit großen Augen unsere Stadt bewundern. Denn uns ist das Gesicht der Stadt ja vertraut. Wir kennen jeden Straßenzug, jedes Haus; jeder Pflasterstein ist aufgeladen mit persönlichen Erinnerungen. Den touristischen Blick haben wir längst verloren, ebenso das Staunen über die Schönheit dieser Stadt mit ihren vielen Gesichtern.

In früheren Zeiten begrüßte den Fremden bei seinem ersten Besuch ein anderes Gesicht Bambergs. In der Kutsche oder auf dem Pferd aus Richtung Nürnberg kommend bot sich ihm auf der alten Nord-Süd-Fernhandelsstraße noch weit vor dem damaligen Hundsbühl (heute Nürnberger Straße) ein weithin sichtbarer Galgen. Tatsächlich war es auch in anderen Gemeinden üblich, diese Warnung auf dem Weg in die Stadt mitzugeben. In Bamberg stand diese Hinrichtungsstätte seit Mitte des 14. Jahrhunderts in etwa auf dem Areal zwischen der Jägerstraße und der Theresienstraße, die heutigen Straßennamen Am Hochgericht und Galgenfuhr verweisen darauf. Möglicherweise kam der Bambergbesucher just an einem Tag hier an, an dem Reparaturarbeiten am Galgen stattfanden. Heute nicht mehr vorstellbar, waren diese Arbeiten Anlässe zu Feierlichkeiten mit Volksbelustigungen und einem Festzug über den Hundsbühl in die Innenstadt. Falls zuvor gerade eine Hinrichtung stattfand, vermochte der Fremde aber weniger Freude empfunden haben. Zur Abschreckung ließ man die Delinquenten am Galgen hängen, der Verwesungsgeruch muss unerträglich gewesen sein. 1773 beschwerten sich die Gärtner der benachbarten Fluren über das Ungeziefer, das ihre Felder beeinträchtigte und ihre Gesundheit gefährdete. Erst 1810 erfolgte die Demontage dieser wenig einladenden Stätte.

Nur wenige Jahre später war es möglich, dass der Fremde aus Richtung Nürnberg bequemer die Stadt erreichen konnte, wobei sich ihm ein ganz anderes Gesicht der Stadt zeigte. 1844 wurde Bamberg an das Schienennetz der Ludwig-Süd-Nord-Bahn angeschlossen, nur neun Jahre nach der Inbetriebnahme der ersten deutschen Eisenbahnlinie zwischen Nürnberg und Fürth. Der Reisende benötigte anfangs knapp zwei Stunden für die Strecke zwischen Nürnberg und Bamberg und konnte noch im gleichen Jahr aus vier Abfahrtszeiten für beide Richtungen wählen. In den Anfangsjahren erwarteten ihn in der ab 1878 Eisenbahnstraße genannten und erst 1895 umbenannten Luitpoldstraße im Wesentlichen schmucklose, einstöckige Gärtnerhäuser, bald folgte der Bau erster mehrgeschossiger Bürgerhäuser. Die Errichtung des Bahnhofs und der Gleisanlangen bedeutete nicht nur den Verlust an unbebauter landwirtschaftlicher Nutzfläche, sondern auch eine massive Beeinträchtigung der Wegebeziehungen zu den Feldern in West-Ost-Richtung. Auch war die Anlegung der Luitpoldstraße zur Hochzeit der zahlenmäßigen Entwicklung der Gärtnerbetriebe in der Mitte des 19. Jahrhunderts ein eigentlich am Reißbrett entworfener Einschnitt in die ehemals durchgängigen Anbaugebiete zwischen der Unteren und Oberen Gärtnerei und nur unter Verlust von Gärtnerland und Gebäuden realisierbar. Auf die Lage inmitten der Gärtnerflur verweist die frühere Bezeichnung

Bild rechts: Blick über den Kranen auf Regnitz und Michelsberg. Der damals noch mit Autos verstellte Platz vor dem Schlachthof lädt heute zum Verweilen ein.

HOTEL

Knoblachsgasse für die heutige Luitpoldstraße. Ihr fiel unter anderem das im frühen 12. Jahrhundert gegründete, an der nördlichen Seite zur Theuerstadt gelegene Gertrudenspital zum Opfer. In diesen frühen Jahren war es dem Bahnreisenden noch nicht möglich, die Inselstadt auf dem heute bekannten Weg über die Kreuzung Luitpold-/Obere Königstraße zu erreichen. Die Straße endete zunächst an der Querung von Mittelstraße und Theuerstadt, sein Weg in die Innenstadt führte ihn also durch das Gärtnerviertel oder nach Süden in Richtung Nürnberger Straße. Das dahinter liegende Gebiet war bebaut, erst 1872 erfolgte der Durchstich zur Oberen Königstraße in Richtung der sieben Jahre zuvor errichteten Sophienbrücke (heute Luitpoldbrücke). Genau an der Stelle des Durchbruchs an der Ostseite der heutigen Luitpoldkreuzung stand bis dahin die Brauerei mit Gasthaus Goldene Rose. Ab etwa diesem Zeitpunkt prosperierte die Straße: Bamberg war in der Gründerzeit bestrebt, mit repräsentativen Bauten in der neuen Verlängerung und dem Boulevardcharakter der Luitpoldstraße dem Ankömmling ein modernes und großstädtisches Flair zu vermitteln. Auch der untere Abschnitt veränderte sich. Gegenüber dem Bahnhof entstand ab 1890 als Entrée zur Stadt auf beiden Seiten der Luitpoldstraße mit dem Post- und Bahnbetriebsgebäude ein Ensemble aus prächtigen Funktionsbauten. Das Bahnhofsgebäude selbst war aufgrund der Zunahme des Reiseverkehrs und des Ausbaus von Stich- bzw. Nebenstrecken von Mitte der 1850er-Jahre bis 1910 ständigen Um- und Erweiterungsbauten unterworfen. Ab 1897 hatte der Reisende die Möglichkeit, direkt vom Bahnhof aus mit der – bereits 1922 aus wirtschaftlichen Gründen wieder eingestellten – Straßenbahn in die Innenstadt oder in Richtung Osten über die Pfisterbrücke bis zur Kaserne in der Pödeldorfer Straße zu fahren. Die Richtung Hallstadter Straße bis zum Friedhof konnte nicht direkt bedient werden: Denn erst 1935 erfolgte die Fortführung der Ludwigstraße in Richtung Memmeldorfer Straße, die Ludwigstraße endete bis dahin am zu ihr im rechten Winkel stehenden Gasthaus der Klosterstraße 11.

Um die Jahrhundertwende zeigte sich das Tor zur Stadt von seiner wohl prächtigsten Seite. Die mit Baumreihen gesäumte Luitpoldstraße war vollends mit Gründerzeithäusern bebaut, in beiden Richtungen der bahnparallelen Ludwigstraße waren baumbewachsene Grünflächen angelegt (auf der nördlichen Seite neben den Gleisen befand sich sogar ein kleines Wäldchen) und beim Verlassen des Bahnhofs lockte den Fremden bereits der üppige Wirtschaftsgarten des Erlanger Hofes an der Nordseite der Luitpoldstraße. In den folgenden Jahrzehnten wandelte sich das Gesicht dieser Straße nur allmählich, eher schleichend. Von den Bombardierungen des Bahnhofsgebietes im Februar 1945 blieb sie verschont. Ab den Jahren des Wirtschaftswunders nahm auch hier der Autoverkehr zu, der Bahnhofsplatz wurde in erste Linie Parkplatz. Zuerst veränderten sich die Außenfassaden nur durch Ladeneinbauten, Reklametafeln und vereinzelte, kleinere Schaufenster. Später beseitigte man die ursprünglichen alten Türen und Fenster zugunsten großflächiger Panoramafenster, die Anbringung von leichter zu pflegenden Fassaden bedeutete den Verlust der kunstvollen Verzierungen, viele Gebäude der Luitpoldstraße wirken heute seltsam verstümmelt. Als weiterer Sündenfall darf der Bau des Bürohochhauses Luitpoldstraße 51 im Jahr 1967 gelten, ausgerechnet auf dem Gelände des ehemaligen Erlanger Hofes. Das 1976 fertiggestellte Posthochhaus mit seinem kahlen Vorplatz vervollständigte das „moderne" Gesicht des Bahnhofbereiches und zerstörte damit vollends den gründerzeitlichen Eindruck des Zugangs zur Stadt. Heute wirken beide Gebäude wie grobschlächtig ins Stadtbild geschlagene Wunden. Wir Bamberger haben uns nicht nur an die Schönheit der Gesichter dieser Stadt gewöhnt, sondern auch an ihre Entstellungen.

Bild links: Hotel Bamberger Hof, das „erste Haus am Platze" Rechts ein US-amerikanischer Straßenkreuzer Chevrolet Bel Air, Modell 1957.

Bild links: Eine Sonntagsszene am Kranen.
Bild rechts oben: Altes Rathaus und Obere Brücke.
Bild rechts unten: Straßenszene an der Oberen Brücke mit Autoverkehr durch das Alte Rathaus.

MA-AV 387

CK

Bild links: Angler auf dem Geyerswörthsteg. Im Hintergrund der wahrscheinlich durch Kriegseinwirkung beschädigte Schriftzug des Eisenwarengeschäftes von Anton Guck, das sich von 1927 bis 1991 hier befand.
Bild rechts oben: Bamberg war in den 1950er-Jahren ein beliebter Zielort für Bustouristen. Hier zu sehen: die Busse des sich gerade etablierenden Schüleraustausches zwischen Deutschland und Frankreich.
Bild rechts unten: Reges Treiben vor historischer Kulisse.

Obst u. Südfrüchte
F. HEILMANN
REISEANDENKEN
Ansichtskarten-Abziehbilder
Obst-Südfrüchte-Süßwa
P. TONN
Bluna

u. Südfrüchte
F. HEILMANN
Pepsi-Cola
REISEANDENKEN
Ansichtskarten-Abziehbilder
Quick
VIVIL
Bluna

Bild links oben: Kioske und Läden in einem Behelfsbau am Obstmarkt zwischen Kranen und Austraße. Aufgrund des Titelbilds der „Bunte" lässt sich das Foto auf das Jahr 1953 datieren. Geschäfte in solchen Behelfsbauten gab es in der Nachkriegszeit häufig, allerdings war ihre Existenz nur von kurzer Dauer, denn im Zuge der Bautätigkeit in den Wirtschaftswunderjahren entstanden auf diesen Flächen neue Häuser.
Bild links unten: Stolz präsentiert sich der Besitzer seines Ladens für „Südfrüchte" und „Reiseandenken".
Bild rechts: Die Familie Reh vor ihrem Zeitschriftengeschäft in der Oberen Sandstraße 7. Das Haus beherbergte damals seit 1885 das Café Haas und die Tanzschule Bohlein. Heute Live-Club und Haas-Säle. Auch hier ist das Foto durch ein Titelbild der Zeitschriften zu datieren: September 1955.

Bild links: Der Kiosk in der Oberen Königstraße 5, durch das Titelbild der Zeitschrift Bravo auf den Januar 1957 datierbar.

Bild rechts: Der Kiosk Regus in der Oberen Königstraße 5.

Bild oben: Die Obere Königstraße 5 im Januar 1957. Das 1921 eröffnete Sanitätshaus Göttling besteht noch heute, das Werbeschild für das ehemalige Malergeschäft Tyroller prangte noch bis vor wenigen Jahren an der rechten Seite des Hauses. Im Durchgang zur ehemaligen Weinstube Pizzini befand sich bis in die späten 1990er-Jahre der Kiosk Regus, einer der letzten Kioske der Stadt.
Bild unten: Der erste Selbstbedienungsladen in Bamberg in der Luitpoldstraße 16, heute Sex-Shop Orion.

Bild oben: Schuh-Nowak an der Kreuzung Luitpold-/Obere Königstraße. Die Ampeln wurden von einem Stadtpolizisten in der Kanzel mit der Hand gesteuert. Rechts daneben der SB-Laden Groma.
Bild unten: „Saus zu Kraus" war der Werbeslogan dieses Bekleidungsgeschäftes in der Luitpoldstraße 27.

Bild links: Der Gasthof Goldner Anker an der Ecke Luitpold-/Josephstraße, heute Sushi-Bar Hongkong, daneben die Textilreinigung Bäuerlein. Am anderen Ende des Gebäude-Komplexes ein Schreibwarengeschäft (heute Sisha-Bar). Das Eckhaus zur Theuerstadt ist noch am Rande zu sehen, an der Hausfassade eine Reklame für das damals dort befindliche Café Wohlfart.
Bild rechts oben: Das Modehaus Speer für Männer in der Langen Straße 10. Der Damen-Speer befand sich am Grünen Markt.
Bild rechts unten: Elektro-, Radio- und Fernsehgeschäft Morgenroth in der Hauptwachstraße 5. Heute Modeladen. In der Eingangstür ist Werbung für die damals neuesten Schlager zu sehen.

Speer

ELEKTRO-MORGENROTH
ELEKTRO
MORGENROTH
GEGR.1925

Bild oben: Der Marienplatz vor Bürgerhäusern, wie sie für die südöstliche Erweiterung der Stadt zu Beginn des 20. Jahrhunderts typisch waren.
Bild unten: Spaziergänger am Markusplatz. Das mehrteilige und 1904 erbaute Haus Markusplatz 3 diente bis 1984 als Frauenklinik, jetzt Universitätsgebäude. Danebenstehend das heute durch Bepflanzungen eher versteckte Denkmal für die Gefallenen der Feuerwehr von Hans Leitherer (1921).

Bild oben: Das Restaurant Messerschmitt, im linken Hausabschnitt die Weinhandlung des Messerschmitt-Biographen Karl-Heinz Artmann.
Bild unten: Am Schaufenster des 1956 eröffneten Möbelhauses Stanislaus am Kranen begutachten Wilma und Heinz Tillig die Ausstellungsstücke.

Bild links oben: Die Hainstraße im März 1962, nach dem Regen bricht die Sonne durch die Wolken und schafft so eine ganz besondere Atmosphäre.
Bild links unten: Der Fährbetrieb zwischen den beiden Ufern. Im Hintergrund dümpeln vor dem Wasserschloss Concordia die beiden „Hain-Dampferla", beliebte Ausflugsschiffe von hier nach Bug.
Bild rechts: Herbstwinterliche, nasskalte Straßenszene mit amerikanischem und deutschem Volkswagen am Heinrichsdamm, im Hintergrund die Blaue Brücke.

Bild oben: „Fescher durch Fischer" am Heinrichsdamm. An der linken Hausfassade ist eine Reklame für den Fränkischen Tag zu sehen, die Gestaltung der gemalten Fassadenwerbung finden wir zu dieser Zeit recht häufig. Links davon in Richtung Brückenstraße eine Verkaufsbaracke (Sportkleidung Beckmann).
Bild unten: Der Blick vom Heinrichsdamm aus auf die Kettenbrücke ist besonders wegen der Verkaufsbaracken, die damals noch anstelle des heute dort dominierenden Ducke-Hauses standen, interessant.

Bild oben: Kiosk vor dem Heinerle-Gebäude in der Nürnberger Straße. Die Produktion der Wundertüten und Süßwaren bei Heinerle wurde in Bamberg Mitte der 1990er-Jahre eingestellt.
Bild unten: Die frühere Messwandler-Bau GmbH (heute Trench Germany) in der Nürnberger Straße 199, im Vordergrund eine BMW Isetta.

TAXI
Martin-Apotheke
PFAFF
NÄHMASCHINEN
BA
N 382
PFAFF
NÄHMASCHINEN

GAST
HERTIE
ASIEN zu GAST
DA AC 39
BA AX 680
BA S 263

HERTIE

VICTORIA-VERSICHERUNG
TRADITION
FORTSCHRITT
Volksblatt
Deine Zeitung
Volksblatt

Bild S. 82/83: Zwei Buben in Lederhosen überqueren den vielbefahrenen Grünen Markt. Links ein damals noch schwarzes Taxi, im Hertie ist „Asien zu Gast".
Bild links oben: Faschingskehraus im Februar 1963 am Grünen Markt.
Bild links unten: In dieser Faschingsszene vom Februar 1963 ist rechts noch eine Säule der im Krieg zerstörten Städtischen Altane zu sehen, die als Werbeträger dient.
Bild rechts: Der weihnachtlich illuminierte Hertie (heute Karstadt).

Bild links: Der Blick in den Innenhof des bereits 1803 aufgelösten Klosters Michelsberg. Danach beherbergte es das Vereinigte Katharinen- und Elisabethen-Spital. Das Foto zeigt die imposante Treppe zum Portal der Kirche und den Merkurbrunnen. Im Gegensatz zu heute sehen wir sämtliche Figuren mit deutlich geschwärzten Oberflächen.
Bild rechts oben: Blick von der Ziegelgasse auf die Altenburger Straße. Im Hintergrund das noch verschlossene Tor zum Domgrund.
Bild rechts unten: Im Kreuzgang des Karmelitenklosters.

Bild links: Blick auf die Ottokirche über die Gärtnerei Böhmer in der Heiliggrabstraße. Heute steht hier die anlässlich der Landesgartenschau 2012 errichtete schiefe Aussichtsplattform.
Bild rechts oben: Gärtnerfelder zwischen Heiliggrab-/Kloster- und Ludwigstraße im April 1962. Auf diesen Flächen befindet sich heute ein recht unansehnlicher Parkplatz.
Bild rechts unten: Gegenüber dem Elternhaus Heinz Tilligs befand sich damals in der Heiliggrabstraße das Hotel Alte Post (heute Hotel Andres). Diese auf dem Bild soeben entstehende Wandmalerei an der Südseite des Hauses ist längst nicht mehr zu sehen, die Baulücke ist mittlerweile geschlossen.
Bild S. 90/91: Die Atmosphäre einer lauen Sommernacht ist auf diesem Blick in die Lange Straße fantastisch festgehalten.

Arendt

Stadt am Fluss

Die erste Besiedlung des Domberges im frühen Mittelalter etwa 600 n. Chr. und die hier 400 Jahre später errichtete Babenburg (Castrum Babenberch) wäre ohne die Regnitz kaum vorstellbar, boten die Ausläufer des Steigerwaldes im Westen und der Fluss im Osten doch den notwendigen Schutz und Ressourcen für die spätere Stadtgründung.

Bei der Entwicklung Bambergs spielte der Fluss eine begünstigende Rolle. Bis ins hohe Mittelalter war der den Handel fördernde Wasserweg dem Landweg überlegen. Früh ließen sich an den Ufern der beiden Regnitzarme auf Wasser angewiesene Handwerker nieder, vor allem Färber und Gerber. Die Handelsbeziehungen erforderten Schiffer, wobei dieser Berufsstand eng mit den Fischern verflochten war. Bereits um 650 ist eine erste Fischersiedlung am Fuße des Dombergs nachweisbar. Im Umfeld der Schiffer und Fischer waren damit verbundene Gewerke wie Schiffsbauer, Seiler und Netzmacher zu finden. Spätestens im 10. Jahrhundert wurden in Urkunden Mühlen erwähnt. Sie dienten nicht nur der Verarbeitung von Getreide, sondern auch dem Pressen von Pflanzen zur Gewinnung von Ölen, dem Schleifen von Steinen und Leder und dem Schneiden von Holz, später auch der Gewinnung von Energie. Der Handel mit Holz aus dem Frankenwald ist seit dem 12. Jahrhundert gesichert, die sich entwickelnde Flößerei unterstützte in der Folge auch den Transport von Gütern, bis Dampfschiffe und Eisenbahn diese mehr und mehr unrentabel werden ließen.

Bis weit in die Neuzeit durchzogen die Stadt nicht nur die beiden uns heute vertrauten Regnitzarme, sondern weitere Nebenarme, Kanäle und Gräben. Bamberg war daher immer auch eine Stadt der Brücken. Eine erste Flussüberquerung zwischen Domberg und Inselstadt gab es zu Beginn des 11. Jahrhunderts - ob es sich um einen Vorläufer der Oberen oder der Unteren Brücke handelte, ist nicht geklärt. Allerdings existierten an dieser Stelle bereits 150 Jahre später zwei Brücken. Die Lage der Stadt an und inmitten der weit verzweigten Regnitz machte sie natürlich besonders anfällig für Hochwasser. Im Februar 1784 stand die Inselstadt zwei Meter unter Wasser, schwerer Eisgang riss die Untere Brücke und die Seesbrücke an Stelle der heutigen Kettenbrücke und einige benachbarte Häuser ein. 1809 wurde die Nonnenbrücke ein Opfer des Wassers. Erst mit dem technischen Fortschritt in der Gründerzeit konnten wirksame Hochwasserschutzmaßnahmen umgesetzt werden.

Eine oft wenig beachtete, aber wichtige Funktion hatte die Regnitz als Abfallkanal. Die Nutzung des Wassers durch die oben erwähnten Handwerksbetriebe bedeutete freilich auch eine frühe Verunreinigung des Flusses. Über die Arkaden des Mitte des 18. Jahrhunderts erbauten städtischen Schlachthauses konnten Schlachtabfälle und Blut direkt in der Regnitz entsorgt werden. Aus diesem praktischen Grund wurden über die Jahrhunderte Spitäler direkt am Fluss oder an Kanälen errichtet. Später siedelten sich erste verarbeitende Industriebetriebe vor allem im Norden des linken Regnitzarms an, um ihre Abwässer in die Regnitz zu leiten. Bis Ende des 19. Jahrhunderts gab es kein modernes Abwassersystem, das den Hausabfall hygienisch unbedenklich beseitigt hätte. Wer an den Wassersystemen lebte, warf Hausmüll, Tierkadaver und sämtliche menschliche Ausscheidungen direkt in die Regnitz oder in den – später immerhin teilweise überwölbten und dann verschütteten - Stadtgraben, der vom Zinkenwörth über Schönleinsplatz, Promenade, Vorderer und Hinterer Graben und Fischerei in den linken Regnitzarm mündete. Ansonsten waren Senkgruben und einfache geschlossene Kanäle der Entsorgungsort. Für lange Zeit und in weiten Teilen der Stadt war dieser jedoch die Straße, bis der Unrat vom Regen in den Fluss oder in die Kanäle gespült wurde. Das dadurch verunreinigte Brunnenwasser führte zu Seuchen und hoher Sterblichkeit. Der Fluss war für Bamberg aber mehr Segen als Fluch, der die Stadt und sein Erscheinungsbild entscheidend prägte und den Hans Tillig überproportional oft unter verschiedensten Aspekten in Szene setzte.

Bild rechts: Malerische Postkartenszenerie mit arrangiertem Kinderensemble vor der Kulisse von Klein Venedig, dessen Häuser damals noch nicht für das Auge des Touristen herausgeputzt waren.
Bild S. 94/95: Blick von der 1955 wieder errichteten Bischofsmühlbrücke auf das Untere Mühlenviertel. Am rechten Bildrand die durch einen Bombentreffer schwer geschädigte Sterzermühle, erst 2018 nach langen öffentlichen Diskussionen wiederaufgebaut (heute Zentrum Welterbe Bamberg und Restaurant).

Bild oben: Blick von Klein Venedig auf den Leinritt. Die Häuser sehen heute in ihrem renovierten Zustand natürlich gepflegter aus, wenn auch deren Charme dadurch ein wenig verloren ging.
Bild unten: Blick vom Ufer des Leinritts auf die Jahrhunderte alten Fischerhäuschen von Klein Venedig, die zu Beginn der 1960er-Jahre oft noch in ihrem ursprünglichen Sinne genutzt wurden. Nach Bau der Hochwassersperrtore im Hain konnten die wasserseitigen Hausvorplätze allmählich zu Gärten umgewidmet werden, weil diese bis dahin als Arbeits- oder Abstellflächen genutzten Plätze nicht mehr von Hochwassern bedroht waren.

Bild oben: Ganz links die 1920 erbaute und heute nicht mehr existente Fleischhalle neben dem alten Schlachthof. Rechts steht noch zwischen dem 1540 erbauten und 1972 wegen angeblicher Baufälligkeit abgerissenen Leisthaus und der Unteren Brücke ein steinerner Verkaufskiosk, der 1967/68 abgebrochen wurde.
Bild unten: Nicht nur Fischernetze werden an den Häusern von Klein Venedig getrocknet. Im Vordergrund die als „Schwanenmutter" bekannte Maria Schmidt.

Bild links: Häuser am alten Kanal spiegeln sich im Wasser.
Bild rechts oben: Ein ehemaliges Gerberhaus am Kanal wird mit Holzbalken gestützt. Der stattliche Fachwerkbau mit seiner offenen Galerie zum Trocknen von Tierhäuten musste noch bis 1973 auf seine Renovierung warten.
Bild rechts unten: Der rote Pavillon im Hintergrund, vorne der alte Flutgraben zwischen linkem Regnitzufer und Hollergraben. Hans Tilligs Standpunkt wäre heute unter der Hainbrücke. Der Flutgraben auf dieser Aufnahme von 1957 ist längst durch eine veränderte Wasserführung ersetzt.
Bild S. 100/101: Blick im Mai 1962 vom Leinritt auf die rückwärtige Häuserfront der Fischerei.

Bootverleih

Bild links oben: Blick auf das Wasserschloss Concordia und das Mühlenviertel. Das Häuschen auf dem Wasser im Vordergrund des Bildes vom März 1962 diente dem Bootsverleih Sieber als schwimmendes Büro zur Abwicklung des Tagesgeschäftes mit den Touristen und Ausflüglern.
Bild links unten: Spätherbststimmung am alten Wehr in Bug.
Bild rechts: Die Walkmühle hinter dem Hochwasser führenden Hollergraben nahe der Schleuse 100.

Bild oben: Der ukrainische Fährmann Gabriel befördert auf diesem Bild aus dem Jahr 1958 Passagiere vom Hain hinüber nach Bug. Dieser Fährverkehr war vor der Errichtung des kleinen Hochwassersperrtores die einzige Möglichkeit zur Überquerung des linken Regnitzarmes im Hain.
Bild unten: Ruderer vor Bughof, links die Spitze des alten Buger Wehrs. Rechts im Bild ein Fiat 600 in der bis 1964 ausgelieferten Version mit hinten angeschlagenen Türen.

Bild oben: 1957 ist dieser Blick über Bug auf die Hainspitze und das alte Wehr entstanden.
Bild unten: Rechts im Vordergrund die 1926 von Hans Leitherer geschaffene Skulptur des Heiligen Christophorus, des Schutzpatrons der Schiffer, Flößer und Fuhrleute an der Hainspitze, im Hintergrund das damals und heute beliebte Ausflugslokal Café Lieb und die Anlegestelle.

Bild oben: Die Buger Spitze mit Fähranlegestelle im Herbst. Im Hintergrund dieses Bildes aus dem Jahr 1962 ist noch das alte Wehr zu sehen.
Bild unten: Das Hochwassersperrtor an der Buger Spitze im Bau.

Bild oben: Blick von der Erlöserkirche auf die Altstadt. Links der Erlösersteg, nach dem 2. Weltkrieg als zeitweiliger Ersatz für die durch Kriegseinwirkung beschädigte Luitpoldbrücke (damals Sophienbrücke) errichtet. Die Luitpoldbrücke wurde 1950 eingeweiht, der Notsteg kurz nach der Aufnahme des Fotos im Jahr 1957 abgebrochen.
Bild unten: Picknick am noch natürlichen rechten Regnitzufer zwischen Löwen- und Kettenbrücke.

Bild links: Der Erlösersteg zwischen Heinrichsdamm (etwa auf Höhe Luisenstraße) und Kunigundendamm. Genau auf dieser Linie befand sich bis zur Eröffnung der neugebauten Luitpoldbrücke im Dezember 2006 für fast zwei Jahre ebenfalls wieder eine Ersatzbrücke für Stadtbusse und Fußgänger.
Bild rechts oben: Der wenig Wasser führende rechte Regnitzarm mit Sandbänken. Hinter der Luitpoldbrücke das ehemalige Café Monopol, in der Dr.-von-Schmitt-Straße klafft neben der Sparkasse noch eine Baulücke.
Bild rechts unten: Die Ausflugsschiffe Max und Moritz liegen neben der Löwenbrücke schräg gegenüber dem neu erbauten Hallenbad vor Anker.

MORITZ
MAX

Hafen und Kanal

Die 1960er-Jahre brachten eine erhebliche Veränderung der im vorigen Kapitel gezeigten und bis dahin weitgehend unberührten Flusslandschaft Bambergs. Der Bau des Staatshafens und der Ausbau des Rhein-Main-Donau-Kanals waren für Hans Tillig willkommene Motive, sein Interesse an technischen Errungenschaften und an neuen Stadtansichten abzubilden.

Die Beteiligung und Begeisterung der Bamberger Bevölkerung bei der Einweihung des neuen Hafens am 25. September 1962 ist heute kaum vorstellbar. Mehrere zehntausend Menschen verfolgten zwischen dem Hafenbecken und der Löwenbrücke das mit allerlei Attraktionen geschmückte Zeremoniell, die Kinder bekamen aus diesem Anlass sogar schulfrei. Baubeginn war bereits in der zweiten Hälfte der 1950er-Jahre auf dem Areal des genau 50 Jahre zuvor errichteten Prinz-Ludwig-Hafens, der dem stetig ansteigenden Güterumschlag in der Zeit des Wirtschaftswunders längst nicht mehr genügte.

Der neue Staatshafen markierte gleichzeitig den Abschluss der Mainkanalisierung im Rahmen der Ertüchtigung des Rhein-Main-Donau-Kanals. Der Versuch einer künstlichen Schiffbarmachung von Rhein über Main bis zur Donau und somit die Verbindung von Nordsee und Schwarzem Meer führt bis ins Jahr 793 und somit in die Herrschaft Karls des Großen zurück. Reste einer geplanten Verbindung zwischen der in die Donau mündenden Altmühl und der Schwäbischen Rezat als Quellfluss der Regnitz sind noch heute bei Treuchtlingen (Landkreis Weißenburg/Gunzenhausen) im Bereich der europäischen Wasserscheide als Fossa Carolina zu sehen. Erst Ende des 17. Jahrhunderts griff man diese Idee wieder auf und entwickelte entsprechende Pläne. Es sollte aber noch bis 1843 dauern, ehe die Teilstrecke Bamberg-Nürnberg des Ludwig-Donau-Main-Kanals befahren werden konnte. Allerdings verlor dieser vor allem durch die Entwicklung der Eisenbahn rasch an Bedeutung, bis der Frachtbetrieb 1950 eingestellt wurde.

In Bamberg begann der Ausbau des Rhein-Main-Donau-Kanals in Richtung Forchheim im Jahr 1960, das Teilstück konnte 1968 fertiggestellt werden. Südlich der Stadt wurden 1962 mit der Buger Schleuse am linken und dem Jahnwehr am rechten Regnitzarm im gleichen Jahr Maßnahmen zur Hochwasserregulierung geschaffen. Vorbei war damit also die Zeit, als man bei Niedrigwasser durch die Regnitz spazieren konnte. Der Ausbau des rechten Regnitzarms zu einer Schifffahrtstraße bedeutete auch eine deutliche Verbreiterung, wodurch Teile des Luitpoldhains weichen mussten. Auf Höhe des heutigen Kiosks am Wegmannufer fiel das beliebte „Licht-, Luft- und Sonnenbad" den Baumaßnahmen 1964 ebenso zum Opfer wie Sport- und Spielplätze. Letztere wurden durch Freizeitstätten an den neugeschaffenen Wehren ersetzt. Die Bamberger gewöhnten sich aber schnell an die veränderte Situation, erfuhren die ehedem doch recht kahlen Ufer dadurch erst den heute bekannten Charakter von Alleen.

Bild rechts: An der Hafenstraße das zentrale und weithin sichtbare Gebäude der Bavaria, einer Schifffahrts- und Speditionsgesellschaft, vor dem Hintergrund der Industrieanlagen in Bamberg-Nord.

Bild oben: Im März 1962 wird der Rhein-Main-Donau-Kanal ausgebaut. Im Rahmen dieser Baumaßnahmen erfolgte auch eine Anlage der beiden nun befestigten Ufer. Oberhalb des späteren Adenauerufers ist das noch einstöckige Ducke-Haus zu sehen. Es wurde in dieser Form 1960 fertiggestellt und erst 1965/1966 aufgestockt.
Bild unten: Ein schwerer Eimerkettenbagger, dahinter Boote, die für den Transport von Arbeitern und Materialien zwischen den Ufern Verwendung fanden. Im Hintergrund ist ein interessantes städtebauliches Detail zu sehen: Die Ecke Willy-Lessing-Straße/Kunigundendamm war noch unbebaut, daneben eine Fassadenwerbung für die Wäschefabrik mit Großhandel Bodenschatz & Co. Weiter nördlich, an der Kreuzung zur Heinrichstraße, eine bunte Fassadenwerbung für den Fränkischen Tag.

Bild oben: Arbeiter ohne Schutzbekleidung legen Steine für die Befestigung des Kanals. Im Fluss ist eine Aufschüttung für die Baustellenfahrzeuge zu sehen und am linken Bildrand Schaustellerwägen des gerade stattfindenden Plärrers.
Bild unten: Im Hintergrund der Kanalarbeiten an beiden Ufern wird gerade das Hochhaus Kunigundendamm 76 gebaut.

Sft.M1
Regnitz

Bild links oben: Vorbereitungen für die Einweihung des Hafens im September 1962. Das Weegmannufer ist bereits mit Fahnen geschmückt, vor Anker liegen die Würzburg und dahinter die Bamberger Ausflugsschiffe Max und Moritz. Das gegenüberliegende Ufer wird gerade befestigt.
Bild links unten: Ein Kamerateam filmt das Ereignis von der Regnitz, einem Schiff des Wasser- und Schifffahrtsamtes Schweinfurt, aus. Vor dem Gaswerk am Margaretendamm ist die Uferbefestigung noch nicht abgeschlossen.
Bild rechts: Der große Tag: Menschenmassen bei der Parade der Einweihung des neuen Staatshafens am 25.09.1962. Vorneweg fährt das Bamberger Passagierschiff Undine mit den prominenten Festgästen aus Politik und Gesellschaft, links vorne das neue Gebäude der Hafenverwaltung. Hier lohnt sich aber auch ein Blick auf den Hintergrund des Fotos: das große helle Gebäude rechts oben ist das Canisius-Heim an der Ecke Hornthal-/Pfeuferstraße. Das damals noch unbebaute Gelände nördlich davon war Teil der Mayerschen Gärtnerei, seit den 1990er-Jahren ein architektonisch sehr gelungenes Neubaugebiet. Das heutige Neubaugebiet Mayersche Gärtnerei liegt rechts außerhalb des fotografierten Ausschnitts.

Bild links: Sein Interesse für technische Errungenschaften veranlasste Hans Tillig immer auch zu Fotografien von Kränen, hier Arbeiter bei der Montage von Löschkränen im Bamberger Hafen.
Bild rechts oben: Ausgelassene Stimmung auf dem Dach eines Siloneubaus des Bamberger Hafens in schwindelerregender Höhe mit Blick in Richtung Nordwesten. Zur damaligen Zeit recht außergewöhnlich: Eine Frau auf einer Baustelle. Die Arbeiter lesen die beiden ehedem konkurrierenden Lokalblätter, den Fränkischen Tag und das Bamberger Volksblatt.
Bild rechts unten: Auf diesem nahezu gleichen Bildausschnitt ist der gerade am Hafenbecken ankommende Schiffskorso anlässlich der Hafeneinweihung zu sehen.

fränkischer Tag

20 Wasserschutzpolizei

Bild links oben: Ein Gebäude des neuen Hafens ist im Entstehen.
Bild links unten: Ein Schiff der Wasserschutzpolizei liegt im alten Hafenbecken vor Anker.
Bild rechts: Auf dem damals noch unbebauten und der Landwirtschaft dienenden Gebiet zwischen Hafen und der im Hintergrund verlaufenden und hier noch mit Bäumen gesäumten Straße zwischen Bamberg und Hallstadt befindet sich heute unter anderem das Müllheizkraftwerk und die Kläranlage.

Bild links: Eine nahezu surreale Atmosphäre fing Hans Tillig mit den verschiedenen Rotnuancen der Fässer und des vom späten Abendlicht beschienenen Hafengebäudes mit dem Schattenwurf des Kranes ein.
Bild rechts oben: Wasserspiegelungen waren ein beliebtes Motiv Hans Tilligs. Die Baustelle des großen Hafengebäudes und die Wolkenkonstellation erzeugen auf diesem Foto in Verbindung mit den roten Kränen eine monumentale Wirkung.
Bild rechts unten: Auftragsarbeiten von gastronomischen Betrieben waren ein Schwerpunkt im Angebot des Postkartenverlags W. Tillig. In diesen Jahren boten viele Lokale entsprechende Anischtskarten für ihre Gäste zum Verkauf an. Die Hafengaststätte befand sich auf dem Gelände einer heutigen Reifenfirma in der Hafenstraße 32 und stellte vor ca. 20 Jahren ihren Betrieb ein. Auf dem Foto sind die Ehefrau und der Sohn des Fotografen zu sehen.

GASTSTÄTTE
BIER

Bild links oben: Blick auf den Hafen aus Richtung Nordwesten, rechts das Ende der Gaustadter Hauptstraße.
Bild links unten: Die Menschen am Regnitzufer und am Kai lassen vermuten, dass dieser Panoramablick über den Hafen auf Bamberg am Tag der Hafeneinweihung aufgenommen wurde. Im oberen Drittel ist eine stadtgeschichtliche Nebensächlichkeit zu erkennen: Der 1927 geplante und ab 1933 erweiterte grüne Bau an der Kreuzung Margaretendamm/Lichtenhaidestraße war ein Haus für obdachlose Menschen. Nach dem Ende des 2. Weltkrieges entstand um das Gebäude herum die sog. „Laum", eine Laubensiedlung, in der in den ersten Nachkriegsjahren Gestrandete der Kriegswirren untergebracht waren: Displaced Persons, obdachlose und ledige Kriegsheimkehrer, Ausgebombte und Flüchtlinge. Diese Siedlung war bis zu ihrem vollständigen Abriss noch bis 1978 ein sozialer Brennpunkt. Seit 1981 steht hier die Ständige Wache der Freiwilligen Feuerwehr.
Bild rechts: Ladevorgänge am alten Hafenbecken unter Beteiligung von Lastkraftwagen und der Hafenbahn im Hintergrund.

Die Stadt im Wachsen

Wie kaum ein anderer Fotograf oder Chronist der Stadt dokumentierte Hans Tillig neu Entstehendes, Modernes oder sich Veränderndes. Nur sehr wenige dieser Aufnahmen dienten als Vorlage für spätere Karten. Tillig war auch kein Fotograf, der Auftragsarbeiten der Presse oder der Stadt und ihrer Behörden annahm. Diese Fotografien entstanden also ohne Verwertungs- oder Publikationsabsichten, aus einem bloßen Interesse für das Gesehene. Dabei zeigt sich selbst in scheinbaren Marginalien wie das Schwarzweiß-Foto eines sich im Bau befindlichen Ämtergebäudes die Könnerschaft des Fotografen durch die Wahl des Aufnahmestandortes und der Perspektive. Der Reiz dieser Baustellenbilder resultiert sicher auch aus der Spiegelung des Moments des Werdens vor dem – im eigentlichen Wortsinn – Hintergrund des heute bereits Vergangenen.

Ein nicht geringer Teil der Fotos dieses Kapitels widmet sich der Entwicklung von Bamberg-Ost zwischen Memmelsdorfer Straße und Zollnerstraße, zwischen Heidelsteig und Gartenstadt in den 1960er-Jahren. Dieses Baugebiet ist gewissermaßen auf der grünen Wiese, oder besser, auf grünem Gärtnerland entstanden. Von einer Stadterweiterung kann strenggenommen nicht gesprochen werden. Vielmehr handelt es sich um einen Lückenschluss zwischen der ab Mitte der 1930er Jahre als „Spinnseyer-Siedlung" gewissermaßen als Vorstadt konzipierten Gartenstadt, die mit dem Berliner Ring als Anschluss an den Fernverkehr eine räumliche Begrenzung in Richtung Westen erfuhr. Dieses zwischen bestehenden Siedlungsflächen im Osten und Westen und zwischen zwei Ausfallstraßen umgrenzte Gebiet ermöglichte einen neuen städtebaulichen Ansatz. Als Folge des 2. Weltkrieges herrschte noch immer Wohnungsnot durch Flucht und Vertreibung, durch den Bedarf der US-amerikanischen Besatzung, durch zerstörte Wohnungen. Die Einwohnerzahl stieg von ca. 59.500 im ersten Kriegsjahr um knapp ein Viertel auf 74.000 im Jahr 1961. Die hochstöckige Bauweise auf diesem Areal bot bei einer hohen Wohnqualität eine deutliche Entlastung dieses damals drängendsten stadtpolitischen Problems.

Die meist farbigen Baustellenfotos sind die wohl außergewöhnlichsten im Gesamtwerk Hans Tilligs. Sie bewerten die damalige Architektur und die daraus entstehenden Veränderungen im Bild der Stadt durchweg optimistisch-modern und zukunftsbejahend.

Bild rechts: Baustelle Troppauplatz 3.

Bild oben: Das 1967 eröffnete Hallenbad in der Spiegelung der Regnitz. Heute ist diese Perspektive aufgrund von Bepflanzungen nicht mehr möglich.
Bild unten: Das ehemalige Hallenbad bei Nacht. Der Bau ist nun denkmalgeschützt und soll zu einem Universitätssportzentrum umgebaut werden.

Bild oben: Im Zuge des Ausbaus des Rhein-Main-Donau-Kanals wird das Adenauerufer gerade angelegt, im Hintergrund der Rohbau des Hochhauses Kunigundendamm 76.
Bild unten: Blick vom Hochhaus Troppauplatz 3 über das 1965 errichtete Dientzenhofer-Gymnasium auf die noch als Allee zu sehende Memmelsdorfer Straße, vorne Kantstraße, links Feldkirchenstraße.

Bild links oben: Wohnblöcke mit großzügig angelegten Garagen in der Kantstraße. Im Hintergrund die Auferstehungskirche vor der gerade entstehenden Breslaustraße.
Bild links unten: Die 1956 eingeweihte Auferstehungskirche wirkt in Abwesenheit von umstehender Bebauung noch etwas verloren. Vor Allem durch den Zuzug von schlesischen Flüchtlingen nach Bamberg-Ost bestand die Notwendigkeit des Baus einer evangelischen Kirche.
Bild rechts: Die im Zuge der Erweiterung Bamberg-Osts zu Beginn der 1960er Jahre errichteten Straßen und Häuser wurden auf vormals landwirtschaftlich genutzten Flächen gebaut. 1961 wird in unmittelbarer Nähe der Auferstehungskirche noch Feldarbeit verrichtet.

Bild links: Blick aus einem Hochhaus der Kantstraße auf die Auferstehungskirche. Vor der Kirche werden Wohnhäuser an der Breslaustraße gebaut, dahinter die Gartenstadt noch ohne die später trennende Linie des Berliner Rings.

Bild rechts: Das fertige Hochhaus Troppauplatz 3 mit seiner modernen Architektursprache der damaligen Zeit.

Bild links: Die Baustelle Troppauplatz 3 aus Blickrichtung Hegelstraße.
Bild rechts oben: Der Troppauplatz mit seinem Nahversorgungszentrum von der Hegelstraße aus gesehen. Vielen Bambergern ein jahrzehntelanger Begleiter, ist auch der Supermarkt Geigenberger seit Anfang 2019 Vergangenheit.
Bild rechts unten: Die St. Josefstiftung Bamberg (heute: Joseph-Stifung) baut das Hochhaus Troppauplatz 3, laut Bautafel ein „Scheibenhochhaus mit 97 Eigentumswohnungen".

markt
SUPERMARKT
Geigenberger
FRISCHFLEISCH
METZGEREI
APOTHEKE

ST. JOSEPFSTIFTUNG BAMBERG
SCHEIBENHOCHHAUS MIT
97 EIGENTUMSWOHNUNGEN
ÖFFENTLICH GEFÖRDERT
DIPL. ING. G. NEUNDORFER
DIPL. ING. P. SEEMÜLLER
BAULEITER ING. I. HÖCKMAIR
BAY. LANDESBODENKREDITANSTALT
PH. HOLZMANN A.G.
WÜRZBURG NIEDERLASSUNG
HEIZUNG
ÖLFEUERUNG
Reichert & Schmoll

Bild links oben: Die noch nicht vollständig hergestellte Riemenschneiderstraße in Richtung Heidelsteig mit der gerade im Bau befindlichen und 1966 fertiggestellten Hochschule an der Feldkirchenstraße.
Bild links unten: Treffpunkt Sandkasten inmitten der entstehenden Neubauten im Gebiet Breslau-, Weißenburg- und Kantstraße.

Bild rechts: Dieses Bild vom Februar 1964 über den Baukran der Baustelle des Hauses Troppauplatz 3 in Richtung Westen zeigt am rechten Bildrand das gerade im Entstehen begriffene Hochschulgebäude.

Bild links: Kinder vor dem ortsprägenden und weithin sichtbaren Haus Troppauplatz 3, damals noch mit einer anderen Farbgestaltung.
Bild rechts: Blick aus der Kantstraße auf die Auferstehungskirche.
Bild S. 138/139: Blick durch die Kantstraße in Richtung Auferstehungskirche. Aufgrund der üppigen Vegetation ist diese Blickachse heute nicht mehr vorhanden.

Bild oben: Obwohl annähernd das gleiche Motiv, erzeugt Hans Tillig aufgrund unterschiedlicher fotografischer Mittel eine völlig andere Stimmung.
Bild unten: Ein Detail verrät die damals hochwertige Ausstattung der neuen Wohnungen; die Kartons der soeben standardmäßig verbauten Elekroherde der Marke AEG liegen vor einem Hochhaus in der Kantstraße.

Bild oben: Die Kantstraße im Februar 1964.
Bild unten: Blick von der Auferstehungskirche in die Gartenstadt mit der dominierenden Kirche St. Kunigund im Juli 1961. Links der Gänsewiesenweg; unmittelbar vor den im Hintergrund zu sehenden ersten Häusern der Stauffenbergstraße verläuft heute der Berliner Ring.

Bild oben: Die nach nur zwei Jahren Bauzeit im November 1953 eingeweihte Stadtteilkirche St. Kunigund am Gartenstadter Markt. Links werden Häuser am Rotdornweg gebaut, rechts im Hintergrund der Hauptsmoorwald. Vor Fertigstellung der Kirche fand der Gottesdienst in einer Baracke auf dem Gelände der Stauffenbergstraße 136 statt.
Bild unten: Blick von der Kreuzung Hauptsmoor-/Seehofstraße in Richtung Norden. Bis weit in die 1970er-Jahre konnten sich hier die Bewohner des Viertels mit allen Notwendigkeiten des täglichen Bedarfs eindecken.

Bild oben: Im Haus Seehofstraße 46 befand sich damals der Supermarkt WESTO (Abkürzung für „Werthmüller und Stoll"), heute eine Drogerie. Bereits seit 1965 existiert hier das Eiscafé „Lido".
Bild unten: Die Konrad-Fink-Straße mit der Kreuzung zur Mittelbachstraße.

Bild oben: In der Greiffenbergstraße.
Bild unten: Die Kunigundenschule in der Seehofstraße in einer Aufnahme aus dem Jahr 1958. Die Schule war 1941 nach dem NS-Kultusminister Hans Schemm benannt worden, die Seehofstraße hieß zu dieser Zeit Saarstraße.

Bild oben: Die Pestalozzischule (erbaut 1957 - 1961) war ab 1971 eine Förderschule (heute Fachhochschule unter privater Trägerschaft).
Bild unten: Das Eichendorff-Gymnasium bezog 1965 das neue Schulgebäude an der Kloster-Langheim-Straße, Ansicht des Gebäudes von der der Schildstraße aus. Vorher befand sich das Mädchengymnasium am Vorderen Bach.

Bild oben: Das Freizeitwerk St. Heinrich (heute Privatschule) mit seinem angeschlossenen Speiselokal an der Kreuzung Dürrwächter-/Kloster-Banz-Straße war seit seiner Errichtung im Jahr 1961 das soziale und kulturelle Zentrum von Bamberg-Ost.
Bild unten: Der Bau der Erlöserschule 1955 in der Neuerbstraße als erste evangelische Schule in Bamberg war, ähnlich wie die Auferstehungskirche, dem gestiegenen Anteil der evangelischen Bevölkerung im Osten geschuldet.

Bild oben: Der Berliner Ring wird gebaut.
Bild unten: Blick von der Erlöserkirche über die Baustelle des Finanzamtes (Martin-Luther-Straße 1, Inbetriebnahme 1958) und die Kreuzung Gabelsberger-/Gertraudenstraße in Richtung Südosten. Im Hintergrund ist noch der Schlot der ehemaligen Hofbräu zu sehen.

Bild links: Ein neues Geschäfts- und Mietshaus in der Kapellenstraße im zeittypischen Baustil in einer Aufnahme vom August 1961.

Bild rechts oben: Das erste Hochhaus am Kunigundendamm zwischen Bughofer- und Friedrich-Ebert-Straße.
Bild rechts unten: Bamberg erfuhr nicht nur am östlichen Stadtrand eine Erweiterung, sondern – in geringerem Ausmaß – auch im Berggebiet. Der Neubau der „Spätberufenenschule" Theresianum am Knöcklein zwischen Kaulberg und Altenburger Straße konnte 1965 eingeweiht werden.

Freizeit

Die 1950er-Jahre werden gemeinhin die Zeit des Wirtschaftswunders genannt, wenngleich bei nüchterner Betrachtung natürlich die Unterstützung der westlichen Alliierten dabei eine große Rolle spielte. Nach den entbehrungsreichen und ungewissen Zeiten rund um die „Stunde Null" wirkte das rasante Wirtschaftswachstum, das es ab Mitte der Fünfziger Jahre in Ermangelung eigener Arbeitskräfte notwendig machte, Menschen vor allem aus Italien, Spanien und Portugal als Arbeiter in die Bundesrepublik zu holen, für viele als ein regelrechtes Wunder. Die Industrieproduktion nahm in den Jahren 1950 bis 1963 um 185% zu, gleichzeitig stieg ab Mitte der fünfziger Jahre die private Kaufkraft an, während die alltäglichen Lebenshaltungskosten sanken. Durch Massenfertigung reduzierten sich die Preise für viele Konsumgüter, die vormals als Luxus galten, sodass die alltäglichen Grundbedürfnisse gedeckt waren und die Bereiche Freizeit, Urlaub und Reise für die individuelle Lebensqualität an Bedeutung gewannen.

Das Freizeitverhalten dieser Zeit unterschied sich fundamental von jenem unserer heutigen technisierten und vernetzten Welt. Es war damals eher auf Geselligkeit in der Gemeinschaft ausgerichtet, fand häufiger außerhalb der oft beengten eigenen vier Wände statt und war bei einer Wochenarbeitszeit von meist mehr als 48 Stunden bei einer 6-Tage-Woche deutlich kostbarer als heute.

Das soziale Leben spielte sich in einem wesentlich höheren Maße als heute in Vereinen und Organisationen ab, in der damals noch sehr katholisch geprägten Stadt boten die Kirchengemeinden und religiösen Verbände eine Vielzahl von Angeboten an. Die Veranstaltungen im wiedererrichteten Zentralsaal, dem Heinrichssaal oder im Café Haas boomten. Darüber hinaus gab es in allen Stadtteilen Tanz- und Veranstaltungssäle, die heute längst geschlossen und vergessen sind. Allein im Jahr 1955 zählte man 700 Faschingsbälle in der Stadt. Hinzu kamen Kultur- und Bildungsstätten, unter anderem auch durch die US-Verwaltung mit dem Amerikahaus in der Villa Dessauer und dem Internationalen Club ebenfalls in der Hainstraße. Das E.T.A.-Hoffmann-Theater zog 1958 an seine gewohnte Stätte und konnte die provisorischen Spielorte wie z. B. die Turnhalle der Martinsschule oder den Heinrichssaal verlassen.

1955 besaßen lediglich 100.000 Haushalte ein Fernsehgerät, das Jahrzehnt war die hohe Zeit des Kinos. Nahezu jedes Viertel hatte sein Filmtheater, die insgesamt 14 Kinos Bambergs verkauften 1957 eine halbe Million Eintrittskarten. Wir erinnern uns an den legendären Kommentar von Herbert Zimmermann zum Siegtor der deutschen Fußballnationalmannschaft bei der Weltmeisterschaft 1954, allerdings handelte es sich um eine Radioübertragung, die nachträglich auf eine der wenigen gefilmten Szenen des Spiels gelegt wurde. Sport betrieb man entweder selbst oder erlebte ihn als Zuschauer vor Ort. Es gab über 50 Sportvereine, die beliebtesten Sportarten waren nach Fußball Boxen, Rudern und Radfahren. Der FC 01 Bamberg spielte die meiste Zeit der 1950er-Jahre in der zweithöchten Liga und zog nicht selten mehrere Tausend Zuschauer zur Hauptkampfbahn in das 1926 errichtete Stadion im Volkspark.

Neben den Schwimmbädern war der Hainpark beliebtes Ausflugsziel. Vor allem die Kinder zog es „a weng naus die Affen", zum Haincafé östlich des Hölzernen Pavillons mit seinen Affen, dem Pfau und anderem Getier. Leider ist diese Attraktion seit Anfang der 1960er Jahre Vergangenheit. Oder es ging mit dem 1985 eingestellten „Schääzer Bockerla", mit Halt in Bruckertshof, Gundelsheim und Memmelsdorf, zur Verwandtschaft aufs Land.

Das beliebteste Urlaubsziel der Deutschen war in jenen Wirtschaftswunderjahren Italien, das aber meist noch ein Traum blieb. Selbst 1960 besaß nur jeder zehnte Haushalt ein Auto, oft ging es in den Ferien nur auf einen Campingplatz in die Fränkische Schweiz oder zur Oma in den Frankenwald.

Bild rechts: Nach dem anstrengenden Aufstieg ver-führen die Lokale am Michelsberg zur Einkehr.

Bild links: Von der Aussichtsplattform des Michelsberges aus genießen Spaziergänger, Ausflügler und Touristen einen herrlichen Panoramablick auf Bamberg.
Bild rechts oben: Der stolze Kapitän in seinem Boot gegenüber dem Leinritt, im Hintergrund sind Fischerboote zu sehen.
Bild rechts unten: Im Jahr 1957, als diese Bilder entstanden sind, war es normal, inmitten der Stadt ein kühles Bad zu nehmen. Heute sind für den Badebetrieb nur begrenzte Zonen im Hain erlaubt.

Bild links: Der Herbergsvater der Jugendherberge Wolfsschlucht weist seinen jugendlichen Gästen den Weg für ihre anstehende Radtour.
Bild rechts: Blick auf die Wolfsschlucht vom gegenüberliegenden Ufer aus. Bis 2013 war dieses 1952 umgebaute Gebäude, 1924 nahe Bug ursprünglich als Bootshaus errichtet, eine beliebte Jugendherberge. Im Zweiten Weltkrieg diente es als Lazarett und wird heute als Jugendhilfeeinrichtung genutzt.

Bild links oben: Rudern gehörte in früheren Jahren zu den beliebtesten Sportarten und zog, wie hier im Hain, auch viele Zuschauer an.
Bild links unten: Drei verschiedene Arten der Fortbewegung auf dem Wasser begegnen sich: das vom Wasserschloss Concordia bis Bug pendelnde „Haindampferla", die Fähre zwischen Bug und Hainspitze und ein Ruderboot.
Bild rechts: Jugendliche Teilnehmer eines Ruderwettkampfes bei Bug. Dahinter ein „Wohnschiff" des Wasser- und Schifffahrtssamtes Schweinfurt.

Bild links: Müßiggang im Sommer 1959 auf dem Campingplatz in Bug.
Bild rechts oben: Der Eingang zur „Camping-Jnsel" in Bug 1958. Der Campingplatz existiert noch heute unter diesem Namen. Die Schreibweise war kein Fehler, damals schrieb man das große i als J.
Bild rechts unten: Sommeridylle 1958 am Wasser: Der Buger Campingplatz verzeichnete im folgenden Jahr etwa 10.000 Übernachtungen.

CAMPING
JNSEL

Bild oben: Bei der Eröffnung des Stadionbades hatte man weniger Glück mit dem Wetter als hier im August 1962, denn im Juni 1953 schüttete es wie aus Kübeln.
Bild unten: Auch halbnackt sind alle Menschen gleich. Ein schönes Beispiel für die Ungezwungenheit zwischen der Bamberger Bevölkerung und den schwarzen US-Soldaten.

Bild oben: Ob Hans Tillig sich der Symbolik dieses Fotos bewusst war? Zum Zeitpunkt der Aufnahme 1962 herrschte in den USA Rassentrennung und noch 17 Jahre zuvor war in Deutschland das offizielle Bild des Menschen mit dunkler Hautfarbe das des wilden „Negers". Vor diesem Hintergrund mutet diese Szene der in bestem Tuch gekleideten und stolz flanierenden schwarzen GIs neben den weißen „Eingeborenen" in Badehosen kurios an.
Bild unten: Hochbetrieb im Stadionbad im August 1962. Das Türmchen links hinten existiert nicht mehr.

Bild 162/163: Auch im „Gaustadter" herrscht Hochbetrieb. Am rechten oberen Rand des Fotos der Kiosk des Bades.
Bild links: Nachdem das Baden in der Regnitz wegen des Werkkanals der Baumwollspinnerei (ERBA) aus hygienischen Gründen ebenso verboten war wie in den Weihern der damals etwa 4.500 Einwohner zählenden Gemeinde, begannen 1954 die Pläne für ein Freibad in Gaustadt. Die Eröffnung konnte zwei Jahre später gefeiert werden, zur Finanzierung trug auch die ERBA bei. (Gaustadt war zum Zeitpunkt dieser und der folgenden Aufnahmen vom Juli 1962 noch eine eigenständige Gemeinde. Aufgrund der Geschlossenheit des Themas ordnen wir die Fotos diesem Kapitel zu).
Bild rechts oben: Die Freischankfläche des Gaustadter Bades mit Sonnenschirmen der damals beliebtesten Erfrischungsgetränke. Wie man an der Dame rechts erkennen kann, bot man aber auch Bier an.
Bild rechts unten: Das Stadionbad als Laufsteg für die neueste Bademode.

Sinalco Kola
Sinalco
trinkt

Bild links: Auf diesen Aufnahmen stört sich niemand am Fotografen, der im Juli 1962 inmitten der Menschen ganz selbstverständlich seine Bilder machen kann. Heute ist wegen der digitalen Verbreitungsmöglichkeit und wegen Missbrauchsskandalen das Fotografieren in jedem öffentlichen Schwimmbad verboten.

Bild rechts: Die Jugend misst sich im Brettsprung, im Hintergrund das in der Entstehung begriffene Neubaugebiet neben dem Gaustadter Bad.

Feste

Feste wie der Plärrer und die Sandkirchweih waren Objekte, die Hans Tillig vielleicht auch deshalb gefielen, weil er hier Szenen mit Menschen oder Menschengruppen abbilden konnte. Diese Bilder waren nie inszeniert, zeigen den Blick für den Moment und beweisen die Fähigkeit des Fotografen zum Schnappschuss. In den Stadtmotiven sind die gelegentlichen Passanten meist nur zufällige Statisten. In den Bildern dieses Kapitels sind die Menschen jedoch häufig das eigentliche Motiv, das mit der Kulisse des Festes korrespondiert.

Viele ältere Bamberger vermissen den im Frühjahr und Herbst stattfindenden Plärrer, der als Volksfest bis 2013 auf einem Gelände an der Breitenau – und danach noch bis 2017 wenig erfolgreich auf dem Grund der ehemaligen US-Kaserne – stattfand. Allerdings war er an der Breitenau erst seit 1981 und somit für einen wesentlich kürzeren Zeitraum als auf dem alten Plärrerplatz am Heinrichsdamm, der danach zu einem Parkplatz und einem Parkhaus umfunktioniert wurde. Seit den 1920er-Jahren ging es für die Bamberger in Richtung Hain „naus zum Plärrer". Aber bereits vorher vergnügten sich die Bamberger bei Bier, Buden und anderen Lustbarkeiten. Der Plärrer befand sich zuerst auf dem alten Exerzierplatz (heute etwa Wilhelmsplatz und südlich angrenzendes Gebiet) und später auf der „Hirtenwiese" zwischen der heutigen Hemmerlein-, Egelsee- und Hirtenstraße. Diese frühe Lage erklärt auch den Begriff „Plärrer", der einen Markt für Händler ohne Erlaubnis für den Handel innerhalb der Stadtmauern bezeichnete. Für eine nur sehr kurze Zeit hatten die Bamberger das Vergnügen eines Theresien-Volksfestes im Süden der Stadt, zwischen der heutigen Theresienstraße und dem Kunigundendamm. Es wurde im Juli 1833 zu Ehren der Königin Therese abgehalten, die einige Jahre zuvor mit ihrem Gatten Ludwig der Stadt einen Besuch abstattete. Es muss ein aufwendiges Spektakel mit Festzug, Fischerstechen, Musik, Feuerwerk und einem Theaterstück gewesen sein. Auch hier war das Feiern mit einer Gewerbeschau verbunden. Kurioserweise begann das fünftägige Fest an einem Montag, da man für den Beginn den Geburtstag der Königin wählte. Das Theresien-Volksfest fand nur fünf Wiederholungen, danach war das „Fest-Komitee" pleite.

Kirchweihen hatten natürlich einen religiösen Ursprung. Das hielt die Besucher aber nicht von weltlichen Freuden ab. Wer sich über die Verrohung der heutigen Zeiten beklagt, sollte sich in alten Polizeiberichten informieren. Jedenfalls ging der bayerischen Obrigkeit das feucht-fröhliche Treiben von Dorf zu Dorf und von Frühjahr bis Herbst zu weit – je nach Jahrestag der Kirchenweihe oder des Gedenktages des Kirchenpatrons - und erließ 1866 eine Verordnung über die „Allgemeine Kirchweih", die künftig überall am dritten Wochenende im Oktober stattzufinden habe. Der Zeitpunkt war gewiss nicht zufällig gewählt, man hoffte wohl auf eine Abkühlung der alkoholisierten Gemüter im Spätherbst. Diese Verordnung wurde nicht immer eingehalten und bald wieder aufgehoben. In Bamberg gab es natürlich die jeweiligen Kirchweihen in den Distrikten, wie wir sie heute kennen. Noch nicht jedoch ein Fest, das die Namenspatronin der gotischen Elisabethenkirche im alten Handwerkerviertel am linken Regnitzarm feiert. Der Bürgerverein IV. Distrikt plante bereits für das Jahr 1950 eine erste „Elisabethen-Kirchweih" im Sand. Die Ehrenamtlichen um den damaligen Vorsitzenden Georg Kaiser wollten damit nicht nur den Gemeinsinn des Viertels stärken, sondern erhofften sich eine Aufwertung des damals noch sehr vernachlässigten Sandgebiets. Bei den zuständigen Beamten der Stadt stieß die Abordnung des Vereins aufgrund der Kleinteiligkeit des Gebiets aber auf wenig Gegenliebe. Erst im folgenden Jahr 1951 und nach einer Zustimmung des Oberbürgermeisters Luitpold Weegmann konnte vom 15. bis 17. September die erste „Sandkerwa" gefeiert werden. Sie war gleich ein voller Erfolg, die lokale Presse schrieb in einem Leitartikel: „Halb Bamberg auf der Sandkerwa". Über die räumliche Ausweitung, die ne-

gativen Begleiterscheinungen und die zunehmende Kommerzialisierung wird seit einigen Jahren viel diskutiert. Geblieben sind jedoch bis heute die traditionellen Elemente dieser ersten Kirchweih von 1951: Aufstellung des Kirchweihbaums, Illumination der Regnitz, Feuerwerk und Hahnenschlag. Das erste Fischerstechen kam aber erst 1952.

Nicht nur alljährlich stattfindende Feste dokumentierte Hans Tillig fotografisch, auch überregional bedeutsame und einmalige Ereignisse, wie beispielsweise das unter großer Anteilnahme der Bevölkerung vom 27. bis 29. Juli 1956 durchgeführte bayerische Landesturnfest, weckten sein Interesse. Diesem Umstand haben wir es zu verdanken, dass von dieser Veranstaltung eine ganze Serie von Bildern vorliegt. Bedauerlicherweise konnten wir in dem umfangreichen Nachlass Tilligs keine Bilder von Bambergs 1000-Jahrfeier aus dem Jahr 1973 finden.

Bild rechts: Die liebevolle Dekoration des gesamten Sandgebietes trug schon immer zum besonderen italienischen Flair der Sandkerwa bei. Selbst ein Fischerboot wird zum Fest mit Lampions geschmückt.

Teilnehmer des Umzuges anlässlich des bayerischen Landesturnfestes vom 27.–29. Juli 1956 in der Hauptwachstraße. Anwesend waren 7.000 Athleten, die Straßen säumten 30.000 Besucher.

Diese Aufnahme nur mit Zuschauern des Landesturnfestes bietet uns die Möglichkeit eines Blickes auf Mode und Stil Mitte der 1950er-Jahre.

Hans Tillig Auge in Auge mit einer bewunderten Schönen in der Hauptwachstraße inmitten der Teilnehmer des Bayerischen Landesturnfestes im Juli 1956.

Häufig dabei: die Amerikaner, hier in Gestalt einer Militärkapelle als Mitwirkende des Umzuges zum Landesturnfest.

Das traditionelle Fischerstechen ist vor zahlreichem Publikum auf der Sandkerwa des Jahres 1968 gerade in vollem Gange. Ein städtebaulich interessantes Detail am rechten oberen Bildrand: der Kiosk am Aufgang zur Unteren Brücke wird gerade abgerissen. Der Obstmarkt hinter dem Leisthaus war noch Parkplatz.

Gleich beginnt das Spektakel, auf das die Zuschauer warten. Die letzten Vorbereitungen für das Fischerstechen des Jahres 1968 laufen.

Kinder in der ersten Reihe und Bewohner Klein Venedigs verfolgen auf privilegierten Logenplätzen die Duelle des Fischerstechens. Auf diesem Foto ist am oberen linken Bildrand mit dem Fischernetz ein typisches Arbeitsgerät dieser Zunft zu sehen.

Die festlich geschmückte Obere Sandstraße zeigt sich an diesem gewittrigen Spätsommertag in einem besonderen Licht. Die letzten Wasserflecken auf der Straße sind noch nicht verdunstet, da scheint sich der Himmel schon wieder zu verdunkeln.

Maria Schmidt als „Humsera" vor den Honoratioren des die Sandkerwa veranstaltenden Bürgervereins 4. Distrikt, rechts der langjährige 1. Vorsitzende Franz Albinger (1899–1974). Abgeleitet wird die volkstümliche Bezeichnung „Humsera" vom Namen einer real existierenden, 1910 verstorbenen Gärtnersfrau aus der Heiliggrabstraße mit sehr derbem und lockerem Mundwerk.

Teilnehmer des Festumzuges.

Die lauen Sommernächte der im August stattfindenden Sandkerwa verführen die Anwohner zum nächtlichen Verweilen im Freien.

Stimmungsvoll illuminiertes Häuserensemble in Klein Venedig.

EIT-BAHN

Bild S. 176/177: Gute Laune herrscht im Riesenrad und niemand nimmt 1962 daran Anstoß, fotografiert zu werden – ganz im Gegenteil!
Bild links oben: Weniger gute Laune hatte scheinbar der Bedienstete des Riesenrades.
Bild links unten: Panoramablick über den Plärrer des Jahres 1962 am Heinrichsdamm: Rechts des Festgeländes ist die Baustelle des Rhein-Main-Donau-Kanals zu sehen, links davon das Priesterseminar.
Bild rechts: Deutsch-Amerikanisches Nachtleben auf dem Plärrer 1962.

Bild links: Schwarzer GI mit deutschem Fräulein. In den USA wäre diese Szene zu diesem Zeitpunkt eher nicht zu sehen gewesen, denn hier galt bis 1964 Rassentrennung.
Bild rechts oben: Der Autoscooter durfte auch damals nicht fehlen und bot der Jugend schon immer gute Möglichkeiten zum Anbandeln.
Bild rechts unten: Eine meisterhafte Nachtaufnahme des Riesenrades.

sofort frei machen

ORIGINAL
Wiener

Sport-Kasino
Schieß-Sport

Bild links oben: Ob heute die Pendler des Park and Ride-Platzes noch daran denken, dass hier früher das Volksfestgelände gewesen ist?
Bild links unten: Detailreiche Momentaufnahme während des Plärrers 1962.
Bild rechts: Natürlich war der Plärrer eine gute Gelegenheit für die jungen Damen, sich und die aktuelle Mode zu präsentieren.

Bild links: Der erhöhte Standpunkt Hans Tilligs ermöglicht einen schönen Überblick über die zeittypische Ausgestaltung dieses Fahrgeschäftes, das er wohl vom Riesenrad aus fotografierte.

Bild rechts: Damals ging man noch im Sonntagsstaat auf den Plärrer.

Bild links: Blick auf den nächtlichen Plärrer vom heutigen Adenauerufer aus gesehen.
Bild rechts: Selbst auf dem Plärrer fand Hans Tillig ein immer wiederkehrendes Motiv vieler seiner Fotos: das rote Auto.

Die Stadt im Winter

Weihnachtskarten dürften eine nicht geringe und fest geplante Einnahmequelle von Postkartenverlagen gewesen sein, das war gewiss auch im Falle des Postkartenverlags W. Tillig nicht anders. Tatsächlich liegen sehr anspruchsvolle Motive von Hans Tillig vor, die nicht zu vergleichen sind mit dem heutigen Puderzuckerkitsch und einer überkommerzialisierten Santa-Claus-Pseudoromantik. Gewiss ist das nicht nur das Verdienst des Fotografen, sondern dürfte vor allem dem damaligen Zeitgeist mit einer gewissen Feierlichkeit und auch Seriosität geschuldet gewesen sein. Über eine dieser Ansichtskarten ist der Entstehungsprozess dokumentiert, Tillig hat hier konsequent Alltagsobjekte aus der Bildvorlage wegretuschiert. Zudem fällt bei diesen Karten gelegentlich das Fehlen von christlichen Symbolen auf, der Grund mag in der Kirchenferne Hans Tilligs zu finden sein.

Neben den kommerziellen Weihnachtskarten sind im Nachlass von Heinz Tillig eine Reihe von Fotos mit Wintermotiven zu finden, die offensichtlich nicht als Vorlage für Reproduktionen dienten. Einige – eher weniger spektakulär – zeigen Szenen einer Stadt mit der Jahreszeit als Nebenobjekt, andere jedoch sind eindeutig Inszenierungen des Winters als bildbestimmendes Subjekt. Natürlich hat auch Hans Tillig seine Stadt in ihrer ganzen Winterherrlichkeit abzubilden versucht. Auf manchen der Bilder ist die Kälte aber förmlich zu spüren: es fehlt der malerische blaue Himmel mit seinen Schleierwölkchen, stattdessen sehen wir eine eisgraue Perspektive, die sich kaum vom Vordergrund des Bildes abhebt. Dieser Eindruck wird oft noch verstärkt durch eingefrorenes Baugerät oder die vollständige Abwesenheit von Menschen. Ein Vergleich der Aufnahmedaten dieser Bilder mit der Bamberger Wetterstatistik zeigt, dass Tillig für diese Fotos gezielt Phasen extremer Frostperioden wählte. Diese Bilder vermitteln dem Betrachter somit einen sinnlichen, fast hyperrealistischen Eindruck von klirrender Kälte.

Bild links: Ein etwas anderer Fünf-Kirchen-Blick von der Villa Remeis aus.
Bild rechts: Frachtschiffe im Eis auf der Regnitz.

Bild oben: Blick über den Kranen, das alte Schlachthaus und über die Regnitz auf den Michelsberg im Januar 1964.
Bild unten: Am rechten Bildrand ist die 1778 erbaute und heute vorbildlich zu einem Wohn- und Gästehaus umgebaute Walkmühle zu sehen.

Bild oben: Schloss Geyerswörth, Brückenrathaus und Partie am Kanal.
Bild unten: Ausflugsschiffe vor der Unteren Brücke, die an ihrer östlichen Seite noch Kriegsschäden aufweist.

Bild oben: Klein-Venedig, rechts die heute nicht mehr bestehende Schlachthalle.
Bild unten: Fährmann Gabriel mit Gattin. Der Fährbetrieb wurde mit dem Bau des Hochwassersperrtores mit Brücke entbehrlich, im Hintergrund ist bereits dessen Baustelle zu sehen.

Bild oben: Winternebel über dem linken Regnitzarm um das Wasserschloß Concordia, die Partie blieb weitgehend unverändert. Der 1720 von Johann Dientzenhofer entworfene Prunkbau beherbergte zum damaligen Zeitpunkt das Staatsinstitut für Geochemie (heute Internationales Künstlerhaus).
Bild unten: Im Theresienhain zwischen Bootshaus und Mühlwörth.

Blick von Südosten auf Bug.

Der Landschaftstempel Monopterus im Hain stand bis 1804 im Garten des Schlosses Seehof.

Baulücken in der Hölle nach Kriegsschäden, im Hintergrund die Stephanskirche.

Am Kranen.

Bild links oben: Blick vom Hotel Bamberger Hof Richtung Dom. Im Vordergrund das 1984 abgerissene Areal der heutigen Theatergassen.
Bild links unten: Blick von der Martinskirche auf den nächtlich beleuchteten Dom.
Bild rechts: Blick von Schloss Geyerwörth auf Geyerswörthsteg und Brudermühle.

Bild links: Das Torhaus und der Burgfried der Altenburg.
Bild rechts oben: Rodelnde Kinder auf dem Sauersberg.
Bild rechts unten: Gleicher Ort – aber dieses Bildarrangement vermittelt eine ganz andere Stimmung.

Bild links oben: Wintersportvergnügen am Sauersberg im Januar 1958. Im Hintergrund sind Friesener Warte, Kälberberg und Tiefenellerner Berg zu erkennen.
Bild links unten: Gelände der Gärtnerei Böhmer in der Heiliggrabstraße mit Blick auf die Ottokirche, neben dem Kirchturm ist der rauchende Schlot der ehemaligen Seilerwarenfabrik zwischen Magazin- und Lichtenhaidestraße zu sehen.
Bild rechts: Die St.-Getreu-Straße in Richtung Michelsberg im Januar 1963. Heute steht der das Bild dominierende Baum nicht mehr.

Bild links: Ein dampfbetriebener Eimerkettenbagger liegt im Januar 1964 im Eis. Zur Vermeidung von Frostschäden wird der Kessel durchgängig beheizt.
Bild rechts oben: Der Kunigundendamm im Februar 1962, links die Erlöserkirche. Eine BMW Isetta und ein VW Käfer sind die einzigen am Straßenrand parkenden Autos.
Bild rechts unten: Die Arbeiten am Kanalbau ruhen im Februar 1962.
Bild S. 204/205: Das ehemalige Kaufhaus Hertie mit vorweihnachtlicher Beleuchtung.

K
ST
KARL STÖH
MÜNCHEN

HERTIE

Stadtomnibus
H
FRISEUR Mahr

Bild links oben: Das Hafenbecken in Richtung Südwesten. Auf dem Foto vom März 1963 ist unterhalb vom Turm des Schlachthofs die damalige Obdachlosenunterkunft an der Kreuzung Margaretendamm/Lichtenhaidestraße zu sehen, links davon das Verwaltungsgebäude des Hafens und weiter rechts das Gaswerk.
Bild links unten: Zwischen den beiden noch im März des Jahres 1963 im Eis liegenden und damals etwa 30 Jahre alten Frachtschiffen ist das Verwaltungsgebäude des Fränkischen Eisenhofs zu sehen.
Bild rechts: Blick von der Pfisterbrücke über die Bahngleise in Richtung Nordwesten, im Hintergrund des Fotos vom Januar 1963 der damalige Güterbahnhof (heute steht hier das Atrium). Damals befand sich dort der Straßenstrich.

Bild links: Ein Fass wird die Sutte hochgerollt. Tatsächlich existierte zum Zeitpunkt dieser Aufnahme noch ein Büttner in der Sutte, aber keine Brauerei mehr auf dem Jakobsberg.
Bild rechts: Eine Weihnachtskarte des Verlags W. Til ig.

Das Bamberger Umland

Hans Tillig war auch ein Kenner der ländlichen Gebiete um Bamberg, seine hauptberufliche Tätigkeit führte ihn häufig auch in entlegenere Ecken des Bamberger Umlands und der angrenzenden Landkreise. Immer mit dabei seine Kamera. Diese Fotos dokumentieren im Vergleich zu heute mehr noch als die Bilder aus der Stadt den Wandel im Laufe der Jahrzehnte. Der Rückgang der familienbetriebenen Landwirtschaft, die Veränderung der dörflichen Infrastruktur mit einer massiven Verringerung von Ladengeschäften und Gastwirtschaften, die gleichzeitige Ausweitung von Straßen- und Gewerbeflächen sowie Wohngebieten und die Schaffung von Schulzentren statt der kleinen Dorfschulen veränderten den ursprünglichen Charakter von Dörfern immens. Die Landflucht und die Ansiedlung von Wirtschaftsbetrieben bedingen eine deutliche Zunahme des Verkehrs und eine Veränderung der Sozialstruktur. Viele vormals in der Landwirtschaft beschäftigte Menschen waren gezwungen, ihren Lebensunterhalt anderweitig zu verdienen. Dadurch veränderte sich die Situation vor Ort, denn die Dörfer begannen mit eigenen Industriegebieten Arbeitsplätze vor Ort zu schaffen. Da diese jedoch nicht in ausreichendem Maße geboten werden konnten, verstärkte sich das Phänomen des Pendelns vom Heimatort zur Arbeitsstätte über weitere Entfernungen. Bereits Mitte der 1970er-Jahre hatte mehr als die Hälfte der im Landkreis Bamberg wohnenden Arbeitnehmer ihre Arbeitsstelle außerhalb des eigenen Landkreises. Daraus resultierend stieg die Zahl der angemeldeten Kraftfahrzeuge, die einen weiteren Ausbau der Straßen erforderte. Einstige Bauerndörfer wandelten sich zu Arbeiterdörfern und sind heute oft nur noch „Schlafgemeinden". Der Landkreis ist auch vor dem Hintergrund massiv gestiegener Baupreise in Bamberg zu einem begehrten Wohngebiet geworden.

Das Dorf als ländliche, ruhige und beschauliche Idylle ist Vergangenheit. Hans Tilligs Bilder entstanden genau in der Übergangszeit zwischen dem zum Teil noch archaisch anmutenden Dorfleben und den industriellen, infrastrukturellen, topographischen und sozialen Umwälzungen.

Ein ganz wesentlicher Einschnitt für die Landkreise und Gemeinden brachte die seit den 1960er-Jahren diskutierte und in zwei Schritten in den Jahren 1972 und 1976 vollzogene bayerische Gebietsreform. Mit dieser Maßnahme sollte die Effizienz der Verwaltungseinheiten gesteigert und verhindert werden, dass vor allem Kleingemeinden bis etwa 2000 Einwohner ihre verfassungsgemäßen Aufgaben und Dienstleistungen nicht mehr erfüllen können. In einer ersten Stufe erfolgte eine Neugliederung der Landkreise, deren Anzahl bayernweit auf 71 reduziert und damit mehr als halbiert wurde. Dem Landkreis Bamberg wurden 17 Gemeinden aus den aufgelösten Landkreisen Ebermannstadt, Ebern, Staffelstein und aus dem mittelfränkischen Landkreis Höchstadt an der Aisch zugeschlagen. Acht kleine Gemeinden verlor der Landkreis Bamberg an die Kreise Forchheim, Haßberge und Erlangen-Höchstadt. Dadurch wuchs der Landkreis Bamberg um etwa 10.000 Bewohner an. Die zweite Stufe hatte eine Reduzierung der Gemeinden zum Ziel. Die Zusammenlegung erfolgte zum Teil über Landkreis- und sogar Regierungsbezirksgrenzen hinweg, der Landkreis Bamberg gewann so weitere 3223 Bewohner aus dem Kreis Erlangen-Höchstadt hinzu. Für die Stadt Bamberg hatte diese Gebietsreform ganz erhebliche und noch heute deutlich spürbare Konsequenzen. Folgende Gemeinden bzw. Gemeindeteile wurden dem Stadtbezirk zugeordnet: Gaustadt, Bug, Wildensorg, Hirschknock (vorher zu Gundelsheim gehörig), Kramersfeld, Bruckertshof (beide vorher Hallstadt) und Bughof (vorher Strullendorf). Die Einwohnerzahl stieg dadurch um etwa 10 %. Für die Stadtverwaltung war diese Entscheidung eine deutliche Niederlage, weil zwei wesentliche Forderungen nicht erfüllt wurden: Die näher an Bamberg liegende Lichteneiche verblieb bei Memmelsdorf und eine Verschiebung der Grenze zu Hallstadt zugunsten Bambergs

blieb ebenfalls aus. Bamberg hätte hier eine Grenzverlagerung auf Höhe der heutigen Autobahn A 70 gewünscht, was bedeutet hätte, dass höhere Anteile der Steuereinnahmen aus dem Gewerbegebiet Laubanger/Hafen nach Bamberg geflossen wären. Die für Bamberg ungünstige Entscheidung belastet noch heute gelegentlich das Verhältnis der beiden Nachbarstädte. Als Gründe für das Scheitern wird das damalige geringe politische Gewicht Bambergs genannt, aber auch eine zögerliche und fehlerhafte Strategie der Stadtführung.

Bild rechts: Das Umland beginnt direkt vor den Toren der Stadt: Blick über Wildensorg (erst Juli 1972 eingemeindet) auf den Rothof (1967 abgetragen) und die Altenburg.

Bild links: Blick in die Hauptstraße in Gaustadt, links am Gebäude der Schriftzug der Bügerbräu, die nach der Eingemeindung Gaustadts unter dem Namen Kaiserdom Bamberg zur größten Brauerei der Stadt werden sollte.

Bild rechts: Um diese Ansicht zuordnen zu können, muss man schon ein Kenner Gaustadts sein. Das Bild zeigt das Altenheim St. Josef vor dem Umbau und die dazugehörige Altenheimkapelle in der Andreas-Hofer-Straße. Die Kirche wird seit dem Jahr 2000 von der ukrainischen griechisch-katholischen Pfarrei St. Nikolaus genutzt.

Bild oben: Die sich auftürmenden Eisschollen zeugen vom strengen Winter, während der Eilzug aus Würzburg mit der vorgespannten V 200 der Bundesbahn die Eisenbahnbrücke über den Main bei Hallstadt überquert.
Bild unten: Der Blick über den Main auf das Mainschlösschen vor Hallstadt und die dahinter liegende Silhouette Bambergs. Das Barockschlösschen, 1735 nach Plänen von Balthasar Neumann erbaut, präsentiert uns sein 1961 neu erhaltenes Dach, während der Bauer im Vordergrund seine Wiese mit der Sense mäht.

Bild oben: Auf dem Land wurden die kleinen Dorfschulen häufig von moderneren und größeren Schulhäusern ersetzt: hier in Hallstadt die Hans-Schüller-Schule frisch nach der Fertigstellung.
Bild unten: Kirchweihidylle in Dörfleins.
Bild S. 216/217: Badespaß am Main. Trotz fortschreitender Umweltverschmutzung war zu Beginn der 1960er-Jahre das Baden in natürlichen Gewässern bei Jung und Alt noch weit verbreitet. Im Hintergrund ist das zur Renovierung eingerüstete Mainschlösschen zu sehen, was für eine Datierung in das Jahr 1960 oder 1961 spricht.

Bild oben: Die direkt am Leitenbach entlang führende Hauptstraße Gundelsheims präsentiert in ihrer Mitte das heute sogenannte „Alte Rathaus". Obwohl es nur von 1945 bis 1981 Sitz der Gemeindeverwaltung war und immerhin von 1858 bis 1963 als Schulhaus genutzt wurde, wird es heute das „Alte Rathaus" genannt.
Bild unten: Blick über das Wehr am Leitenbach auf die Brauerei Leicht (1870 bis 1959) in Gundelsheim.

Bild oben: Das Ansichtskartentableau zeigt „die Lichteneiche", eine Siedlung im Gemeindegebiet Memmelsdorf, die zu Beginn der fünfziger Jahre am Reißbrett geplant und aus dem Nichts heraus hauptsächlich für Vertriebene und Flüchtlinge errichtet wurde. Die einfache, jedoch nicht lieblose Architektur in ihrer durch Grünflächen, Freizeitflächen und verschiedenen Haustypen geschaffenen Weiträumigkeit in Verbindung mit entsprechenden Nahversorgungsmöglichkeiten stellte eine für damalige Verhältnisse hohe Wohnqualität dar.
Bild unten: Die evangelische Himmelfahrtskirche, deren Grundsteinlegung am 12. Dezember 1959, Richtfest am 29. April 1960 und Einweihung am 16. Oktober 1960 erfolgte, fügte sich mit ihrer modernen Gestaltung in das architektonische Gesamtkonzept der Lichteneiche hervorragend ein.

Bild oben: Die Motorisierung veränderte nicht nur die Dörfer selbst, sondern auch die Landstraßen zwischen den Ortschaften: Die Landstraße zwischen Bamberg und Memmelsdorf wird ausgebaut und mit dieser Maßnahme fallen auch die Alleebäume, die gemeinhin als gefährliche Hindernisse angesehen wurden.
Bild unten: Merkendorf, auch ein Gemeindeteil Memmelsdorfs, zeigt sich auf dieser Ansicht idyllisch urtümlich; die noch nicht geteerte Lindenstraße samt Heuwagen und der 1962 im Zuge des Straßenausbaues entfernten Linde, in deren Schatten als Bote der Gegenwart ein VW parkt, links das Anwesen der heute noch existierenden Brauerei Hummel.

Bild oben: Diese Stelle in Litzendorf am Fuße der Kirche St. Wenzeslaus (1715 bis 1718 nach Plänen Johann Dienzenhofers errichtet) ist heute aufgrund der weiträumigen Verkehrsführung und der damit verbundenen Verdrängung der Vegetation kaum mehr wiederzuerkennen.
Bild unten: Heinz Tillig blickt im März 1962 vom Ellerberg hinab ins Ellertal. Die Bergstraße scheint noch nicht geteert zu sein. Bemerkenswert ist der Unterschied des damals kaum vorhandenen Baumbewuchses im Vergleich zur heutigen Vegetation am Ellerberg.

BRAUEREI DREI KRONEN

Bild links oben: Der Postbus passiert zu Beginn der sechziger Jahre im winterlichen Straßgiech ein von Bäumen umgebenes Kruzifix und die 1308 gegründete Brauerei Drei Kronen. Aufgrund massiver baulicher Veränderungen im Zuge des Ausbaues bzw. der im Laufe der Jahrzehnte als notwendig erachteten Ertüchtigung der Dorfstraße für den motorisierten Straßenverkehr lässt sich die Ansicht des damaligen Ortsbildes an dieser Stelle heute nur mehr erahnen.
Bild links unten: Die Hauptstraße in Scheßlitz, aufgenommen im Juni 1962.
Bild rechts: Wilma und Heinz Tillig bei einer Brunnenrast an der Hauptstraße von Scheßlitz (Mitte der 1950er-Jahre).

Bild links: Winteridyll bei Peulendorf unterhalb der Giechburg.
Bild rechts oben: Giechburgfest in den 1960er-Jahren, lange vor der 1974 abgeschlossenen Renovierung der 1125 erstmals erwähnten Burg, die 1971 vom Landkreis Bamberg gekauft wurde.
Bild rechts unten: Zu Beginn der 1960er-Jahre auf dem Land noch ein alltägliches Bild: ein Bauer mit seinem Kuhgespann bei Mistendorf.

Bild links oben: Ein winterlicher Blick über die bereits geteerte Straße in Amlingstadt auf die Kirche St. Ägidius. Seit Mai 1978 gehört Amlingsstadt zur Gemeinde Strullendorf.
Bild links unten: Spüldienst auf der Almrauschhütte bei Amlingstadt, dem 1935 eingeweihten Vereinsheim des Volks- und Gebirgstrachtenvereins Almrausch.
Bild rechts: Begegnung bei Wattendorf – Amerikaner im Manöver.

Bild links: Wie so viele Ortschaften veränderte sich das über 1000 Jahre alte Breitengüßbach in der zweiten Hälfte des 20. Jahrhunderts enorm. Die zentrale Kreuzung des Ortes, malerisch am Bach in der Nähe der Kirche gelegen, war umgeben von signifikanten und Jahrhunderte alten Gebäuden, die wichtige gesellschaftliche Funktionen innehatten. Hier ist die ehemalige Schmiede von 1693 zu sehen, die am in den 1950er-Jahren noch offen fließenden Bach liegt.
Bild rechts oben: Breitengüßbach, ehemaliger Gasthof Alte Post, erbaut um 1750. Auf dem großformatigen Hinweisschild, das den Gasthof als „Fernfahrereinkehr" mit kalter und warmer Küche bewarb, wird unter anderem auch angegeben, dass Bier der Bamberger Hofbräu zum Ausschank kommt.
Bild rechts unten: Der Gasthof zur Linde in Breitengüßbach musste einem heute die Raiffeisenbank beherbergenden Neubau weichen. Mit dem Neubau und nicht zuletzt der Überbauung des Flusses auf der gegenüberliegenden Seite wurde das im Laufe der Jahrhunderte gewachsene historische Ortsbild nachhaltig verfremdet.

Möbel - Schneiderbanger

hof zur Linde

Gastwirtschaft Schmitt

Bild links oben: Ein Bauer bearbeitet unterhalb der Senftenbergkapelle St. Georg mit der von zwei Pferden gezogenen Egge seinen Acker. Von Gunzendorf zur Senftenbergkapelle führt der in alter Tradition stehende, seit 1951 wiederaufgenommene und am Sonntag nach dem Patronatsfest des Heiligen Georg stattfindende Georgiritt.
Bild links unten: Zuckerrüben im November 1962 vor der jetzt noch existierenden Gastwirtschaft Schmitt in Kolmsdorf.
Bild rechts: Die 820 erstmals urkundlich erwähnte Burg Lisberg, stimmungsvoll in Szene gesetzt auf diesem Bild vom noch recht winterlichen März des Jahres 1962.

Bild links: Eine Explosion in einer Strullendorfer Lackfabrik am 15. Juli 1964 entfacht einen Großbrand, der mit 20 Löschfahrzeugen von umliegenden Feuerwehren, Bundeswehr und US-Armee mittels einer kilometerlangen Schlauchleitung vom Kanal aus bekämpft wurde. Strullendorf musste zum Teil evakuiert werden, die Rauchentwicklung der 300.000 Liter brennenden Lacks war erheblich. Unglaublicherweise kamen die Mitarbeiter der Firma, bis auf zwei Leichtverletzte, mit dem Schrecken davon.
Bild rechts oben: Die Fähre in Pettstadt. Die Pettstadter Fährverbindung lässt sich bis in das 14. Jahrhundert zurückverfolgen. Als Gierfähre wird sie, an einem Stahlseil hängend, motorlos von der Strömung über den Fluss getrieben.
Bild rechts unten: Der Stadtteil Bug, der im Zuge der Gemeindegebietsreform ebenfalls im Juli 1972 ins Bamberger Stadtgebiet eingemeindet wurde, war seit jeher, da günstig am Ende des Hains gelegen, ein beliebtes Ausflugsziel der städtischen Einwohner.

BA J 621

Bild oben: Originalbeschriftung Hans Tilligs: „Regnitzbrücke bei Pettstadt, 5/62".
Bild unten: Sonntäglich geordneter Fuhrpark der Kanalbaustelle in Strullendorf im Juni 1962.

Bild oben: Dieses Bild wurde von Hans Tillig mit „Regnitzbrücke bei Pettstadt, 3/1962" beschriftet.
Bild unten: Originalbeschriftung Hans Tilligs: „Kanalbrücke bei Strullendorf, 7/1962".

Bild oben: Stettfeld im Landkreis Hassberge. Das Kirchenbauwerk dominiert den kleinen Ort, im Hintergrund zieht gerade ein von einer Dampflokomotive gezogener Güterzug seine Bahn.
Bild unten: Sommerausflug im Juni 1963 mit dem Bamberger Busunternehmen Eggmaier nach Streitberg in der Fränkischen Schweiz.

Bild oben: Die Heroldsmühle bei Heiligenstadt im Landkreis Bamberg. Die bis vor einigen Jahren lange Zeit als Ausflugslokal genutzte Mühle diente bis 1952 ihrer ursprünglichen Bestimmung.
Bild unten: Impressionen vom Walberlafest im Mai 1963 (Landkreis Forchheim).

Alle Bilder: Impressionen vom Walberlafest im Mai 1963 (Landkreis Forchheim).

Die Autoren

Uwe Schillhabel: geb. 1961 in Weißenburg i. Bay., lebt seit 1982 in Bamberg. Beschäftigt sich seit Jahrzehnten mit verschiedenen historischen Themen, zuletzt vor allem mit der Geschichte Bambergs. Von 1989 bis 1991 Publikation von Aufsätzen zur Geschichte der Gesundheitspolitik der deutschen Arbeiterbewegung. Diplom-Sozialpädagoge FH im Bereich Psychiatrie/Sucht.

Christian Schmitt: geb. 1974 in Bamberg. Seit Kindheit an historischen Themen der Neuzeit interessiert und vom Sammlerfieber befallen. Legte seinen Sammelschwerpunkt in den letzten zehn Jahren vor allem auf Bilder, Dokumente und Drucksachen mit Bezug zu Bamberg. Er arbeitet als Diplom-Sozialpädagoge im Landratsamt Bamberg.

Heinz Tillig: geb. 1951 in Bamberg. Lehre als Offset-Drucker, Reproduktionsfotograf und Grafiker. 1993 Gründung eines Nebengewerbes für Printmediengestaltung und Folienplots, seit 2014 nebenbei Rentner. Hobbys: Musik, Fotografie, die Fränkische Schweiz, Herpetologie und andere Naturerkundungen.

Danksagung

Die Autoren danken der Facebook-Gruppe „Du bist ein echter Bamberger / Bambergerin – wenn du …“, Diana Linz und Gerrit Zachrich (Odeon und Lichtspiel Bamberg), Helke Jacob (StadtechoBA), Horst Gehringer und Jürgen Schraudner (Stadtarchiv Bamberg). Die Autoren bedanken sich zudem bei Johanna Grasser, Werner Kohn und Martina Strätz für die Korrekturvorschläge vor Drucklegung der 2. Auflage.

Uwe Schillhabel dankt Beate Steffen-Kotela (Verständnis und Geduld), Miriam Marschalt (Verständnis für den übermüdeten Kollegen), Stammtisch Pizzini (Inspiration), Klaus Gallenz (Lokalisierung eines Fotos).

Christian Schmitt dankt Gerd Müller und Michael Neubauer für Rat und Auskunft, seiner besseren Hälfte Kristina für ihre Geduld und seiner Tochter Philomena für ihre Unterstützung bei mehreren Bildvorträgen.

Heinz Tillig dankt seiner Tochter Kathrin für die Information, über eine Facebook-Gruppe Gleichgesinnte finden zu können mit dem Ziel, das fotografische Vermächtnis seines Vaters in einem Bildband der Nachwelt zu erhalten.

Bildnachweis

Actualites Mondial Photo Paris: S. 16.
Druckerei Distler Hirschaid: S. 11.
Fränkischer Tag Forchheim: S. 15.
Oberfränkischer Ansichtskartenverlag Bayreuth: S. 10, S. 14.
Reichert Hanne, Würzburg: S. 19.
Sammlung Schmitt:
Seite 26, 29, 30, 39, 44 unten, 46, 55 unten, 56/57, 58, 59, 78 oben, 82/83, 84 unten, 89 oben, 96 unten, 97 oben, 98, 100/101, 102 oben, 106, 111, 112, 113, 114, 115, 120, 121 oben, 125, 127 oben, 132, 133 unten, 134 unten, 135, 141 unten, 144 oben, 147 oben, 160, 161, 162, 165, 166, 167, 176/177, 179, 179, 180, 181, 182, 183, 184, 185, 186, 187, 189, 190, 197, 199 unten, 200 unten, 201, 202, 203, 206, 207, 214 unten, 215/216, 219 oben, 222 unten, 225 unten, 226 oben, 227 oben, 230 unten, 231, 233 oben, 234, 235, 236 unten, 237 unten, 238, 239 unten.
Stadtarchiv Bamberg: S. 209.
Wolfschmitt Kristina: S. 240.
Alle anderen Fotos der Bildkapitel:
Archiv Heinz Tillig.

Bild oben und Rückseite: Der 11-jährige Heinz fotografiert seinen Vater Hans Tillig im Mai 1962 auf dem Rohbau der Villa Paukner in der Burgheimer Lage unterhalb der Altenburg.

Literaturnachweis

Gehringer, Horst: Galgenfuhr und Hochgericht – Aspekte der Strafrechtsgeschichte in der Wunderburg; in: Gehringer Horst (Hrsg.): Die Wunderburg in Bamberg – Eine Stadtteilgeschichte, Bamberg 2005.

Hanemann, Regina (Hrsg.): Im Fluss der Geschichte – Bambergs Lebensader Regnitz, Baunach 2009.

Heckel, Willy: Bamberg im 20. Jahrhundert, Bamberg 1999.

Heidrich, Norbert/Kempf, Norbert: Chronik des Bahnhofs Bamberg – Daten und Fakten, Bamberg 1995.

Landeszentrale für Heimatdienst (Hrsg.): Unsere Stadt Bamberg, München-Gauting 1962.

Steinhorst, Renate: Weißt du noch? – Geschichten und Anekdoten aus dem Bamberg der 50er Jahre, Kassel 2006.

2. Auflage 2020

Layout: Heinrichs-Verlag gGmbH, Bamberg
Druck und Bindung: Aktiv Druck & Verlag GmbH, Niederlassung Bamberg
ISBN 978-3-89889-226-1

Die Fotoausrüstung

Heinz Tillig: „Was nützt dem Fotografen die beste Bildung, wenn sein Handwerkszeug nichts taugt? Nach diesem Motto verfuhr mein Vater und vertraute den Linhof-Produkten der Nikolaus Karpf KG, München, dem noch immer produzierenden und ältesten Kamerahersteller der Welt."

Präzisionskamera Linhof „Technika" 6x9 cm
Drei Rollfilmkassetten für Farbdia, Farbnegativ und Schwarzweißfilm
Planfilmkassette
Div. Filtersortiment
Belichtungsmesser Gossen "Lunasix"
Blitzbelichtungsmesser Gossen "Lunasix"

Objektive:
Schneider-Kreuznach "Angulon"1:6,8/65
Schneider-Kreuznach "Super-Angulon"1:4/53
Schneider-Kreuznach "Tele-Xenar"1:5,5/360
Schneider-Kreuznach " Xenar"1:3,5/105
Voigtländer "Telomar" 1:5,5/18 cm
Voigtländer "Telomar" 1:5,5/24 cm